LES
CINQ ANNÉES DE MALADIE

DE

MON CHEVALIER

PAR

Élisabeth CASSAIGNEAU

Prix : 2 francs.

EN VENTE
CHEZ L'AUTEUR, A VALENCE-D'AGEN
(LOT-ET-GARONNE)

1876

LES CINQ ANNÉES DE MALADIE

DE

MON CHEVALIER

Toulouse. — Imprimerie Centrale, E. VIGÉ, rue des Balances, 43.

LES
CINQ ANNÉES DE MALADIE

DE

MON CHEVALIER

PAR

Elisabeth CASSAIGNEAU

Prix : 2 francs.

TOULOUSE
IMPRIMERIE CENTRALE — É. VIGÉ
43, RUE DES BALANCES, 43

1876

Naïve comme on l'est à vingt ans, je trouvai sur mon chemin un homme aux cheveux blancs. Il parlait une langue que je n'entendais pas..... Je lui disais toujours : je ne comprends pas..... Il me l'expliqua si bien qu'elle me charma..... et je lui dis : enseignez-la moi..... En me l'apprenant, il se fatigua au point de ne pouvoir parler..... et quand je l'entendais..... il ne pouvait plus causer.....

En étudiant la science du bien et du mal, il survint un tiers qui nous enchaîna, et sans pouvoir parler.... nous restâmes étroitement liés.

LES CINQ ANNÉES DE MALADIE

DE

MON CHEVALIER

———

J'avais seize ou dix-sept ans lorsque j'étais pensionnaire dans un couvent (à Condom, dans le Gers) où je voulus prendre le voile. Dans cette maison, il n'y avait pas de noviciat, et l'on en créa un pour moi, en me donnant pour supérieure une jeune baronne. Là, les révérendes mères m'admettaient dans leur intimité, excepté à leur table, où elles ne me voulaient point; et je dînais seule dans une salle de travail où j'étais servie par ma jeune supérieure, qui paraissait satisfaite de prendre soin de moi, lorsque j'étais toute confuse du dérangement que je lui causais. Elle était assidue une bonne partie de la journée auprès de son élève, à qui elle ne faisait sentir sa supériorité que par sa trop grande bonté. Je trouvais en elle un cœur noble et une âme élevée; à cela, elle joignait les grâces extérieures et une simplicité qui la rendaient charmante; elle était, en un mot, une vraie fille de gentilhomme. Quand je reçus l'ordre de quitter cette maison pour aller dans une autre, je regrettais une telle maîtresse, et je lui ai toujours gardé les meilleurs souvenirs. A Agen, je passai sous la direction d'une nouvelle supérieure, qui était loin de me convenir; mais elle me donna une leçon que je n'ai jamais oubliée. Un jour, je fus demandée au parloir par une dame qui avait été assise avec moi sur les bancs de l'école; cette personne, que j'avais connue lorsque j'étais enfant, avait grandi et moi aussi, de sorte que je ne la reconnus pas, et j'eus beaucoup de peine à me la rappeler. La maîtresse des novices m'avait accompagnée, et quand nous fûmes de retour, elle me fit observer, avec la plus grande douceur, que j'avais été malhonnête, sans m'en douter, en disant à cette dame que je ne la connaissais pas, et elle m'engagea à être plus polie si je me retrouvais en pareil cas. Je ne fis que passer dans cette maison. La supérieure générale de l'ordre, qui était une parente de la baronne dont j'ai parlé, me prit pour l'accompagner dans un voyage ; elle s'arrêta à Bordeaux, et nous descendîmes dans la maison des Pénitenciers, parce que la dame avec qui j'étais connaissait la Supérieure de cet établissement. De là, nous allâmes à Paris, où nous passâmes plusieurs jours, et de Paris, nous nous rendîmes dans le Jura. La révérende Mère me laissa là sous la direction d'une troisième supérieure, qui ne me convenait pas plus que la seconde, quoiqu'elle fût très-bonne ; car pendant dix-huit mois que j'y restai, elle prit le plus grand soin de ma santé, qui fut éprouvée par le changement de nourriture. La vie claustrale n'était point de mon goût, et je ne voulus point faire la *profession* de religion. Lorsque j'étais dans ces maisons respectables, je consacrais mon temps, comme mes compagnes, à l'étude et à la prière ; j'ai vu là dedans toute sorte de personnes, et, sous l'habit de religieuse, j'ai reconnu de véritables grandes dames.

En sortant du cloître, je rentrai dans l'enseignement, que j'ai pratiqué pendant trois ans. Fatiguée de la trop grande dépendance de cette situation, je voulais obtenir la direction d'un bureau de poste. Je m'adressai, pour cela, à un personnage qui me promit de me faire inscrire sur la liste des aspirants. Quelque temps après, il me demanda si je voulais aller à Bordeaux avec lui pour me présenter à l'un de ses amis qui était, disait-il, un des principaux chefs dans l'administration postale. Je lui promis d'y aller sans faire la moindre difficulté, et il me fixa le jour et l'heure du départ. Je me rendis le jour convenu. Il m'attendait à la gare, où nous échangeâmes quelques paroles, et, après avoir pris nos billets, nous entrâmes dans le même compartiment. Avant d'arriver à Bordeaux, il me demanda si j'avais, dans cette ville, des parents ou des connaissances. Je lui répondis que je n'y avais ni l'un ni l'autre. Il ne serait pas convenable, ajouta-t-il, qu'une demoiselle toute jeune comme vous l'êtes allât dans un hôtel toute seule; vous viendrez dans le mien. Je lui fis un signe d'assentiment. Arrivés à la gare, il prit un coupé et m'offrit une place que j'acceptai. Le cocher s'arrêta devant l'hôtel qui lui avait été indiqué, et mon protecteur me dit alors : Ne vous inquiétez de rien, Mademoiselle; en prenant une chambre pour moi j'en prendrai une pour vous. Un moment après, il vint me chercher et m'accompagna dans l'antichambre, où il s'assit près de moi sur un canapé. Après avoir causé un instant, il me conduisit dans ma chambre et me laissa, en me disant : Je reviendrai parce que j'ai à vous parler. Assise sur un fauteuil, près de mon lit, en attendant qu'il revînt, je creusai mon esprit à chercher pour qu'elle raison il avait encore à me parler sans pouvoir la trouver, et fatiguée d'attendre, je me disposai à me coucher. Je voulus passer dans l'antichambre pour prendre mes effets, mais, à mon grand étonnement, je me trouvai fermée à clé. Je crus que la bonne l'avait fait par mégarde; je n'eus donc pas l'idée de sonner et je me couchai. Un quart d'heure après, mon protecteur vint me trouver : c'était lui qui m'avait fermée à clé. . . . .

Devenue sa maîtresse par surprise, je le priai de me présenter à la personne dont il m'avait parlé. Je vais, me dit-il, voir si elle est disponible avant de vous y conduire. Il sortit et revint me dire qu'elle était en voyage, qu'il ne nous serait donc pas possible de la voir. Comme cela ne faisait pas mon compte, je parus mécontente; mais il chercha à me tranquilliser en me disant que nous la verrions une autre fois, et que je pouvais d'ailleurs compter sur lui. Nous rentrâmes, après avoir passé plusieurs jours à Bordeaux, où il m'avait exprimé le désir de me voir de temps à autre. Je ne pouvais avoir de suite l'emploi que je désirais; je ne pouvais retourner en pension et entretenir avec lui des relations. J'avais une maison, dans la ville d'Agen, que j'avais recueillie depuis peu de la succession de mon père. Je voulais m'y installer, mais il ne le voulut pas; il préférait que j'établisse ma résidence dans une localité voisine, et il m'engagea à faire une halte dans le canton où je suis depuis. Je contentai son désir, mais je n'avais pas l'intention de m'établir définitivement dans cette localité, car je comptais sur ledit emploi. En attendant, je songeai à donner des leçons parce que mon revenu ne me suffisait pas. Je me présentai dans plusieurs maisons où l'on me promit des élèves, mais on ne m'en donna point; je ne pouvais inspirer de confiance, car on ne savait ni d'où je venais ni d'où je sortais. Mes voyages faisaient beaucoup jaser : qui est-elle? d'où vient-elle? où va-t-elle? se disait-on. Après avoir attendu pendant cinq ou six mois la confiance que je demandais, je compris que je n'aurais pas des ressources de ce côté-là. Quand mon chevalier me demandait ce que je faisais, je lui disais que j'avais trouvé des élèves, comme j'espérais en avoir réellement; je l'obsédais en même temps pour qu'il s'occupât de me faire donner la charge que j'attendais. Lorsque je lui en parlais, il paraissait prêter si peu d'attention à ce que je lui disais à ce sujet que j'en vins à lui faire des reproches. Alors il finit par me dire que je lui cassais la tête; qu'en me faisant donner cet emploi, on m'enverrait peut-être aux Antipodes, ce qui le mettrait dans l'impossibilité de me voir, et que, pour cette raison, il ne voulait pas me le faire donner.

Quel ne fut pas mon embarras en perdant cette espérance! Je me demandai avec anxiété quelles seraient mes ressources : alors je pris le parti de faire des ouvrages au crochet pour les faire loter. Je cherchai un jeune homme pour faire le placement des billets, et j'en trouvai un à Castelmorun, dans les environs de Marmande. Je l'envoyai à Toulouse; mais le procureur impérial lui défendit de faire circuler mes listes, à moins d'avoir une autorisation pour faire une loterie générale. En même temps, le maire du canton de Valence fut prié de m'avertir pour cela. J'allai à Montauban afin d'obtenir cette autorisation, mais elle me fut refusée. Après cette nouvelle déception, une brochure intitulée : *Le produit des lapins,* me tomba sous la main. Je la lus avec attention, et j'y vis que l'élevage de ces animaux rapportait un revenu; je voulus l'essayer. Dans ce but, je louai une pièce de terre où était située une petite maison dans laquelle je mis deux domestiques. Pour abriter les animaux que je voulais élever, je fis faire une construction de planches; ce hangar, une fois terminé, manquait de solidité, et pour ce motif, je le refusai. Je me hâtai d'en faire faire un second dans de meilleures conditions, et je fis acheter un certain nombre de lapins pour la production : il me fallut toute une année pour faire cela.

Pendant ce temps, mon chevalier me don-

nait fréquemment des rendez-vous, tantôt à Toulouse, tantôt à Bordeaux, où nous passions plusieurs jours à nous divertir. Dans nos tête-à-tête, nous nous contredisions à tout bout de champ : il voulait toujours avoir raison, alors même qu'il n'en avait pas, et je finissais par lui céder par déférence pour son âge. Si la contrariété était de nature à ne pouvoir la digérer, je reprenais le terrain que j'avais cédé :
— Cela te revient? me disait-il, et nous recommencions de plus belle ; mais j'étais obligée de lui céder la seconde fois comme je l'avais fait la première. Il me parlait assez de son négoce et des affaires de son intérieur pour que je pusse me rendre compte du poids de sa cassette. Je savais par lui tous les bons dîners qui se donnaient dans la ville d'Agen, et s'il avait assisté à quelqu'un de ces repas, il me contait, non-seulement le menu du dîner, mais encore les personnes qu'il y avait et ce qu'on y avait dit. En voyage, il choisissait toujours les meilleurs restaurants, où nous dinions à la carte ; il faisait servir des viandes à profusion, et les comestibles les plus recherchés étaient arrosés par des vins exquis dont il usait seul, car je n'ai jamais aimé le vin. Chaque repas

que nous faisions lui coûtait environ de cinquante à soixante francs. Entre le déjeuner et le dîner, nous faisions une promenade, tantôt à pied, tantôt en voiture ; quelquefois, nous prenions un bâteau et nous allions promener sur l'eau ; après cela, il faisait ses emplettes. Il entra un jour dans un magasin pour acheter une casquette ; j'aurais cru que cinq minutes auraient suffi pour l'essayer et la payer, mais quel ne fut pas mon étonnement lorsque je l'entendis offrir un franc de rabais et marchander cette casquette pendant une heure.

Une autre fois, il me conduisit chez un oiselier, à qui il voulait vendre des faisans, et après m'avoir fait passer une heure chez ce marchand, où il fallait se tenir debout à défaut de siége, il en sortit sans terminer son marché.

Par une belle soirée d'été, nous promenions à Bordeaux, sur les boulevards, lorsqu'il me dit qu'il voulait acheter un chapeau de paille. J'avais encore la souvenance du marché de la casquette, et pour ne pas entrer dans le magasin, je lui dis : Je vais me promener sur ce trottoir pour vous attendre. Cette fois, le marché ne fut pas long : il garda à la tête le chapeau de paille et plia son chapeau à haute forme qu'il mit dans sa poche. Moi qui croyais faire sentinelle pendant une heure, j'examinai l'affluence des promeneurs et je ne le vis point sortir du magasin, de sorte que je le repoussai lorsqu'il vint m'offrir son bras. Il me dit alors : Pourquoi boudez-vous ? je ne crois pas cependant vous avoir trop fait attendre. Je lui fis observer que je ne le reconnaissais pas, parce qu'il avait changé de chapeau ; je lui demandai ce qu'il avait fait du chapeau à haute forme, et il me fit voir qu'il l'avait dans sa poche.

Dans nos allées et venues, il nous arrivait quelquefois de rencontrer des personnes qui nous gênaient un peu. Un jour, nous venions de Bordeaux, mon chevalier descendit à Marmande, pour acheter quelques gâteaux, et trouva deux dames de sa connaissance. Il les engagea à monter dans notre compartiment, et la mère et la fille s'installèrent avec nous. En arrivant à Agen, ces deux dames le gênaient assez pour prendre congé de moi; aussi dans son embarras, il emporta mon parapluie sans que j'y prisse garde. Un jeune homme monta pour se débarrasser de ses effets, qu'il déposa dans le coin qu'avait occupé mon chevalier, et, après avoir ainsi marqué sa place, il descendit. Je ne fis pas plus attention à ce jeune homme que je n'avais remarqué l'absence de mon parapluie; et quand les voyageurs montèrent, je pris le parapluie qui était vis-à-vis de moi croyant prendre le mien. Quand le train fut parti, le jeune homme que j'avais en face me parut fort courtois (nous étions seuls). Je pris d'abord plaisir à sa conversation, mais insensiblement il oublia les convenances..... et son langage me fit entendre ses intentions..... Alors je battis en retraite et ne lui répondis plus que par le silence. Il finit par me dire : Vous prenez, Madame, un si grand soin de mon parapluie que j'ai cru vous être agréable en vous parlant ainsi. Je regardai, non sans confusion, le parapluie que j'avais entre les mains, et qui n'était pas le mien, quoiqu'à très-peu de différence il fût pareil. Je le remis à son propriétaire, et j'eus beau regarder dans tous les coins du compartiment, je ne trouvai point le mien.

Une autre fois, mon chevalier m'avait donné un rendez-vous à Bordeaux; mais il craignait qu'un empêchement ne vînt entraver son projet, et il m'avait recommandé de descendre à Agen, afin de ne pas aller plus loin si je ne le trouvais pas à la gare. Je le vis dans les salles d'attente en compagnie de deux autres dames que celles dont j'ai parlé. Je me gardai bien d'aller le déranger; il me vit et me fit signe d'aller prendre mon billet. Quelques minutes avant le départ, il vint me dire : « Je suis obligé de rester avec ces deux personnes qui descendent à moitié chemin de Bordeaux ; prends le compartiment des dames seules, et quand je les aurai quittées j'irai te chercher. » Il les perdit de vue au moment de monter en voiture, et elles vinrent se loger avec moi. A Tonneins, je mis la tête à la portière; il m'aperçut et vint me dire : « As-tu vu ces ennuyeuses ? je ne sais où elles sont passées. » Je lui fis signe de parler plus bas parce qu'elles étaient derrière moi. Sans rien perdre de son aplomb, il me dit de m'asseoir et ouvrit la portière pour dire aux voyageuses : « Vous êtes donc là, Mesdames ; je croyais bien avoir l'honneur de votre compagnie, et il est vraiment regrettable que dans ces compartiments l'on ne puisse pas vous aborder. »

Il s'était créé une position brillante dans le monde, et il me parlait beaucoup de ses relations sociales; mais j'aurais été plus à l'aise avec lui si je l'avais rencontré lorsqu'il était aussi pauvre que moi, car ce ne fut qu'à l'âge de quarante ans passés qu'il trouva la clé de la fortune, grâce à un emploi dont il sut tirer parti. Il m'avait dit plus d'une fois que mes parents m'avaient trop bien fait élever pour la fortune qu'ils avaient à me donner. N'était-ce pas un reproche de nature à me faire sentir qu'il était riche et que j'étais pauvre? S'il avait l'avantage de la fortune lorsque je le rencontrai, j'avais celui de la jeunesse, et j'évitai autant que possible de le lui faire entendre. Il m'avait dit encore une chose bien plus forte : quand je consentis à aller à Bordeaux avec lui pour la première fois, il supposait que je devinais ses intentions, et alors il me prenait pour une rusée. Ce langage me blessa souverainement. Je ne pouvais deviner ses intentions, parce que j'étais aussi chaste d'esprit que de corps, et cela s'explique, puisque jusque-là j'avais passé ma vie dans des maisons d'éducation. Dans nos entrevues, je ne lui parlais jamais ni de mes travaux, ni de mes besoins, pas plus que des préoccupations que me causait la position étrange où il m'avait mise. Quand je m'adressais à lui pour l'affaire dont j'ai parlé, je n'avais pas à le regarder; d'un autre côté, en jeune fille inexpérimentée, je ne voyais ni ses rides ni ses chaînes, et je jouais, sans m'en douter, le rôle de démon tentateur pour descendre à mon insu dans l'abîme du malheur!

L'émancipation eut pour moi un certain charme. Pensionnaire d'abord, novice après, dame secondaire dans la suite, j'étais fatiguée de la monotonie des règlements scolaires. Les voyages que je faisais avec mon chevalier me firent entrer dans une vie nouvelle, qui me parut pleine d'attraits. Privée des affections les plus légitimes, je n'avais jamais connu les douceurs de l'amitié; j'avais vingt-deux printemps lorsque, pour la première fois, l'on me disait: je t'aime, et je le croyais. Chatouillée par les sensations de la volupté, je me livrais à toutes les extravagances d'un amour insensé! Dans ma naïveté et ma candeur de jeune fille, j'avais pour mon chevalier l'amitié qui résulte de cette douce attraction où deux âmes ne font qu'une. Cette amitié était mêlée de déférence, en raison de son âge. Lorsque, passant ma main sur ses beaux cheveux blancs, que je baisais dans mes caresses enfantines, j'examinais avec une secrète complaisance la décoration de la Légion d'honneur qu'il portait à sa boutonnière, je ne me serais jamais doutée qu'avec de pareilles marques d'honorabilité il dût me faire verser des larmes de sang ! et comme l'a dit de la Rochefoucauld : « L'esprit est souvent la dupe du cœur. »

L'insuccès dans mes travaux vint me causer de cruelles inquiétudes. Après bien des fatigues, j'étais parvenue à avoir plusieurs milliers de lapins, lorsqu'une mortalité affreuse me les enleva presque tous. En perdant l'espérance du bénéfice, je perdais encore les frais énormes que j'avais faits dans cette entreprise. Lorsque j'eus loué l'enclos où j'opérais mes travaux, je passai une police en vertu de laquelle je l'achetai, et je payai le revenu de la somme que j'avais à compter à l'échéance de cette police. J'occupais deux domestiques pour soigner mes animaux; j'avais fait des provisions pour leur nourriture; afin de les abriter, j'avais établi une construction de planches, mais elle manquait de solidité, et pour cette raison, je la refusai. Le charpentier m'avait actionnée en paiement : j'étais donc en procès. J'avais fait bâtir une seconde dépendance assez importante, et, en faisant toutes ces opérations, j'avais gaspillé mon patrimoine sans que mon chevalier en eût connaissance. Mais le hasard lui fit rencontrer une personne qui le mit au courant de ce qui se passait. Quand il sut dans quel état étaient mes affaires, il m'accabla de reproches. Et pourquoi, s'il vous plaît? parce que j'avais dépensé mes deniers. Pour qui l'avais-je fait, si ce n'était pour lui? Cette conduite me causa des peines d'esprit et de cœur dont j'ai bien souffert, et qui m'ont brisé l'âme de douleur!

C'était dans le mois de mars de ma vingt-quatrième année que je fus atteinte d'un mal étrange qui me causa de nouvelles inquiétudes, et je compris bientôt que j'allais devenir mère! Je ne m'en fus pas plus tôt aperçue que mon chevalier me conduisit à Bordeaux, où nous vîmes plusieurs sages-femmes pour voir chez laquelle le prix ou le traitement nous conviendrait mieux. Prévoyant le cas où ma délivrance ne serait point heureuse, il vit un médecin avec lequel le prix fut fixé à cent écus, dans le cas où l'on aurait besoin de ses services. J'aurais souhaité que ce pauvre homme eût été aussi prévoyant, relativement à ses dispositions testamentaires, et qu'il eût prévu le cas où je me trouverais.

Il avait l'intention de laisser l'enfant à Bordeaux, chez une nourrice, pendant son enfance, disant que s'il n'était pas viable il n'était point nécessaire de faire savoir que nous en avions un, et il fut convenu entre nous deux que je l'adopterais dans la suite. Je rentrai avec l'intention de préparer mes effets pour passer à Bordeaux le temps nécessaire à ma délivrance. Mon chevalier voulait m'y installer et m'y visiter de temps à autre; mais les choses ne devaient point se passer ainsi! Quand je fus prête, j'attendis avec impatience qu'il me signalât l'heure du départ, et je fus très-étonnée de ne plus recevoir de lettre. Chaque jour, j'attendais en vain que le courrier m'apportât une missive. Lorsque je fus lasse d'attendre, une anxiété fiévreuse s'empara de mon être! et je me disais : sont-ils heureux ceux qui n'attendent rien!

Alors, je me retirai dans cette pauvre maison de campagne que j'avais affermée deux ans auparavant pour réaliser les travaux dont j'ai parlé. Depuis mon arrivée dans le canton, j'avais habité la ville; cette bicoque avait été occupée par mes domestiques, que j'avais renvoyés depuis peu. Elle n'était point meublée, et, pour comble de malheur, j'étais sans argent. Alors, je me vis forcée de coucher sur la paille durant les six derniers mois de ma grossesse! Dans cette triste situation, je me disais : Que n'ai-je un amant libre, noble d'esprit et de cœur, qui ait pour moi de ces mille petites attentions que l'amitié seule peut dicter; qui prenne pour un ordre le moindre de mes désirs; qui mette tous ses soins à m'être utile ou agréable; qui prévienne délicatement mes besoins! J'étais malheureuse autant qu'on peut l'être, lorsqu'un jour je reçus une lettre dans laquelle mon chevalier me disait qu'il était dangereusement malade. Il me recommandait d'aller à Bordeaux, où il me promettait d'aller me voir dès qu'il serait guéri. Pour aller en pays inconnu, il m'aurait fallu la bourse garnie, et la mienne était vide. Il ne m'était donc pas possible de partir. Je n'osais néanmoins lui écrire dans la crainte que mes lettres tombassent entre les mains de sa famille. Si j'avais eu une plus grande expérience des hommes et des choses, j'aurais cru que sa maladie n'était qu'une feinte; mais j'étais trop enfant pour le penser ! Après avoir vécu pendant trois semaines de pommes de terre cuites à la braise, à défaut de pain, il m'écrivit de nouveau : c'était huit jours avant ma délivrance.

Ma lettre, me disait-il, ne vous trouvera probablement pas chez vous ; je voulais la charger, et si je ne l'ai pas fait, ce n'est que dans la crainte qu'elle ne vous parvienne. Je trouve bien extraordinaire que vous ne m'ayez pas écrit du tout. Parfois, il me vient à l'idée que vous êtes morte avec le fruit de notre amour, car je ne m'explique pas votre silence. Si vous êtes à Bordeaux, vous avez dû donner des ordres avant de partir pour qu'on vous envoie mes lettres. Je ne peux vous adresser celle-ci qu'à Valence, puisque je ne sais même pas où vous êtes ; si vous la recevez, répondez-moi de suite, donnez-moi bien votre adresse, afin que je puisse vous écrire et vous envoyer de l'argent, car vous devez ne pas en avoir.

Je répondis à cette lettre, qui n'était point signée : « Etant sans argent, il m'a été impossible de prendre de la poudre d'escampette. Je me suis retirée à la campagne, en ma demeure du Colombier, dont je vous ai déjà parlé. Je suis la fable de la localité et ne suis pas encore délivrée. Votre maladie m'a causé des idées bien noires. Plus d'une fois, j'ai été tentée de m'empoisonner; si je n'avais pas cru à l'Etre-Suprême, à coup sûr je l'aurais fait. »

Il m'écrivit alors lettre sur lettre, mettant cent francs dans chacune et me recommandant toujours de me bien soigner. Il me disait ensuite que si je devenais mère d'une fille il fallait lui donner les noms de Sophie-Georgette Gérard, et que si c'était un garçon, comme il le souhaitait, il fallait l'appeler Ernest-George-Jacques Gérard. Il m'engageait à me procurer une nourrice afin d'être libre lorsqu'il voudrait me voir. Ses souhaits furent réalisés : je devins mère d'un garçon, le jour du 2 décembre, à l'âge de vingt-cinq ans. Dès que je pus me lever, je lui en appris la nouvelle et il en fut satisfait.

Après avoir fait de la poésie, je me vis forcée de faire de la prose. En mettant un enfant au monde, nos relations devaient bientôt sentir le ménage; l'illusion disparaissait pour faire place à la réalité, et nous nous regardions comme étonnés de nous-mêmes.

La police par laquelle je m'étais engagée à acheter la maison que j'occupais était échue depuis plusieurs mois, et le propriétaire m'obsédait pour le paiement ; il voulait me forcer à rompre mon engagement. J'avais fait bâtir sur ce terrain des dépendances importantes, et, pour cette raison, je ne voulais point résilier. Je demandai une somme d'argent à mon chevalier pour cet achat ; mais il me refusa la chose, en disant que je dépenserais le prix de cet immeuble comme j'avais dépensé mon patrimoine. Piquée de ce refus, j'allai chez un agent de change pour emprunter cette somme contre une hypothèque, ayant l'intention de sommer ensuite mon chevalier en paiement de cette dette. L'agioteur me demanda mon nom et celui de ma demeure, après quoi, il me fixa le jour où je pourrais le voir pour traiter l'affaire. Ce Monsieur prit des renseignements à mon sujet dans une maison de mon voisinage, où on le mit au courant de ce qui se passait. Quand je retournai chez lui, il me regarda avec la plus grande attention, et après m'avoir adressé quelques paroles flatteuses, il me dit ceci : Vous venez, n'est-ce pas, pour emprunter cette somme ? Que feriez-vous pour un homme qui vous la mettrait dans la main sans hypothèque ni obligation ? Je lui répondis que ne pouvant rien faire pour cet homme, je ne devais accepter la somme que contre une hypothèque. Il ne tint pas compte de cela, et me débita toute la poésie de son répertoire pour me persuader....... mais je ne perdais pas de vue mon idée....... Dans cette situation, je vis un moyen fort bon pour me tirer de cette impasse. Je cherchai à émoustiller l'amour de mon chevalier pour lui faire faire ma volonté, et je lui posai l'agent de change comme un rival par qui j'allais le laisser supplanter. Par ce moyen, je trouvai la corde sensible pour le faire agir selon mes désirs. Il m'écrivit de suite pour dire que le personnage dont je lui parlais était un volage. Il me rappelait que j'avais un enfant dont il était le père; il ajoutait que si je froissais son amour-propre en lui donnant un rival je lui sortais une partie de ses obligations, et qu'après tout, il avait autant de pouvoir et d'argent que celui dont je lui parlais. A cela, je répondis :

« Je n'ai mis dans la balance, ni sa cassette ni la vôtre; mais ce que je trouve de bien extraordinaire, c'est que lui, sans me connaître, me donnerait la somme que je veux lui emprunter, tandis que vous me l'avez refusée. Si j'eusse été la femme d'un manant, il se serait esquinté de travail pour me donner un lit, lorsque vous m'avez fait coucher sur la paille après m'avoir rendue mère, quoique vous ayez tant de pouvoir et d'argent. »

Vingt-quatre heures après, une missive m'apprenait qu'il ferait ce que je voulais : elle contenait un billet de cinq cents francs, destiné aux besoins les plus urgents. Je lui renvoyai son billet en lui disant :

« Vous êtes un grand seigneur lorsque je ne suis qu'une pauvre diablesse; en pareilles conditions, l'intimité n'est point possible! Gardez votre or, car ce n'est qu'avec lui que vous pouvez être heureux et content! »

Il était malade depuis un an, et je ne l'avais pas vu du tout pendant ce temps, lorsqu'il me donna un rendez-vous que j'acceptai. Dans cette entrevue, nous nous reconciliâmes; j'avais avec moi le bébé, il le combla de caresses et me demanda bien pardon de tout ce que j'avais souffert pour lui. Passant ensuite aux affaires sérieuses, il me dit qu'il allait compter l'argent pour l'achat de l'enclos et qu'il voulait que je passe un contrat d'obligation avec un de ses amis, afin que je ne puisse ni vendre ni emprunter, mais qu'il se ferait donner quittance de cette obligation, et qu'après sa mort, je la trouverais dans son testament. Il me promit, de plus, de doter l'enfant, et me jura, sur tout ce qu'il y avait de plus sacré dans le monde, de lui donner un tuteur qui représenterait ses intérêts. Il me désigna celui qui devait être chargé de cette mission ; il ajouta qu'il me paierait le revenu de cette dot, plus un supplément pour moi, et que, si la maladie l'empêchait de me voir, il se servirait de ses amis, qu'il m'enverrait de sa part. Effectivement, il envoya chez un notaire la personne dont il m'avait parlé, pour compter la somme et prendre une hypothèque de mille écus sur ma propriété.

Quand mon enclos fut acheté, d'autres affaires me préoccupèrent. J'avais perdu mon procès avec le charpentier. Ce procès se jugea pendant ma grossesse, et mon avoué m'écrivit maintes fois, me demandant des fonds. Comme je n'en avais pas, je ne me donnai point la peine de lui répondre. Pour ce motif, il envoya mon procès au diable, et je fus condamnée par défaut; différemment, j'étais bien en droit, car la construction s'était écroulée avant que l'affaire ne fût jugée. Le paiement du charpentier ou frais de procédure allaient à deux milliers de francs. Comment parler de cette dette à mon chevalier, qui m'accusait si fort d'être une mauvaise tête? Quand j'étais avec lui, je préférais parler d'amourette...... Je le voyais d'ailleurs si rarement que je ne voulais pas perdre mon temps..... Je le lui fis dire par un de ses confidents, et il me fit passer mille francs pour cela. Je ne pouvais donc combler que la moitié de la dette.

Ces chagrins n'étaient pas les seuls que j'avais à essuyer. Lorsque je me vis seule, toujours seule, dans cette pauvre maison de campagne que j'habite depuis, le découragement s'empara de mon âme. Je ne pouvais faire part à mon chevalier de la répugnance que j'éprouvais à rester dans cette bicoque, attendu que j'avais eu beaucoup de peine à la lui faire acheter.

Ce qu'il y avait pour moi de plus fâcheux, c'est que j'étais un problème dont on cherchait la solution. Les huissiers venaient de temps à autre m'apporter quelque sommation, et j'étais en même temps dans le dénuement le plus grand. De cet état de choses, il en résulta que l'on tenait à mon sujet les propos les plus offensants ; dans le monde des viveurs, on en concluait que je devais être une Messaline, et que je livrais mon cœur à mille auto-da-fé. Alors des oiseaux de toute espèce vinrent voltiger autour de mon logis, et ce ne fut que par l'odeur de la poudre que je parvins à éloigner ces voltigeurs nocturnes. Par une belle nuit d'avril, un pauvre diable vint heurter ma porte ; je lui demandai ce qu'il voulait, et il me répondit qu'il désirait me voir. Ne savez-vous pas, lui dis-je, qu'il est inconvenant de se présenter à cette heure chez une femme qui est seule ? Après cette question, je lui en posai plusieurs autres, mais il ne sut jamais me répondre que ces paroles : « Je viens vous voir, » ou « Je voudrais vous voir. » Je finis par lui dire : Si vous voulez tant me voir, regardez-moi bien quand je passe quelque part ; et pour le préserver de nouvelles tentations... je lui fis siffler quelques balles aux oreilles.

Me trouvant dans une position malheureuse, je m'aperçus que la plupart se permettraient de me tenir les propos les plus libres si je ne me faisais pas respecter ; c'est pour cela que j'ai pris un air de gravité bien supérieur à mon âge, et que les beaux parleurs traitent de froideur.

Dans ma solitude, je n'avais qu'une seule distraction, c'était d'aller voir mon bébé, que j'avais chez une nourrice à quelque distance de ma demeure. Je passais les mois entiers sans voir son père, et quand je le voyais, il me disait : Le médecin me défend de vous voir..... il faut donc nous contenter du plaisir de la causerie. Effectivement, nous étions sages comme deux anges jusqu'au moment de nous quitter ; mais alors il oubliait les prescriptions de son docteur.....

Il avait dans Agen une maison pour me recevoir. Un auvergnat était le gardien de cette bicoque, où il n'y avait qu'une seule chambre à notre disposition, qui était séparée de celle du portier par un corridor. Le plancher de cette pièce était tout raccommodé ; les volets étaient percés, et les fenêtres n'avaient pas de rideaux. Il y avait un lit du bois le plus commun, qu'il avait dû faire acheter chez un marchand fripier ; dans ce lit étaient une paillasse garnie de quatre pailles et, par-dessus, un mauvais matelas où nous étions si mal qu'il fallait nous lever trois ou quatre fois pour refaire le lit. Il me disait toujours : Je t'assure que je ferai faire un sommier; mais il le fit faire si tard que nous ne nous en sommes servis qu'une fois. Une table et deux chaises, le tout fort commun, complétaient ce mobilier; il n'y avait pas même une glace, de sorte que j'étais obligée de me coiffer à tâtons. Tel était le taudis où le galant allait roucouler aux pieds de sa belle, quand la maladie le mit dans l'impossibilité de faire des voyages. Là, il lui jurait un amour à nul autre pareil, à condition pourtant de ne rien donner. Son testament devait prouver toute l'estime et l'amitié dont il parlait, et il lui disait, en poussant des soupirs : Quand je serai mort, tu sauras combien je t'aime! Quand elle était mécontente, elle le supportait avec impassibilité; mais il avait l'air de s'en formaliser et lui disait : Je m'en vais si tu n'es pas plus aimable. Allez-vous en, répliquait-elle froidement. Alors il faisait semblant de prendre son sac et ses quilles, et lui disait une seconde fois : Je m'en vais. Elle lui souhaitait un bon voyage et un long retour. Il partait, en effet; mais quand il avait passé la porte, il se hâtait de revenir, parce que s'il avait fait différemment il aurait craint de ne plus la revoir.

Les sujets de mécontentement ne me manquaient pas : j'étais mère, mon honneur était donc enlevé ; j'avais des dettes et je ne pouvais les payer ; j'avais une propriété, mais elle était hypothéquée ; les plaisirs de la volupté paraissaient en même temps m'échapper. Comment parler de mettre de l'ordre dans mes affaires à mon chevalier, qui m'avait prise pour une rusée lorsque je n'étais qu'une grande enfant sortant des écoles ?

Un jour, il me donna un rendez-vous à Agen, et je n'avais que trente sous dans ma bourse. Cela ne me suffisant pas pour faire le trajet, je pris un billet pour tout l'argent que j'avais. Ce billet me conduisit à Sauveterre, où je descendis pour faire le reste du chemin à pied. Je longeai le canal pour avoir de l'ombrage et n'être point remarquée des passants que j'aurais pu rencontrer sur la route ; mais cela me valut une aventure que je n'ai pas oubliée : Je me trouvais dans un espace enfoncé entre deux tertres, lorsque j'aperçus un homme qui était dans une position indécente. Un sentiment de crainte vint naturellement traverser mon esprit, et cette crainte était bien fondée, car je voyais cet homme faisant des gestes malhonnêtes. J'étais seule dans des lieux isolés, vis-à-vis de ce rustre, qui pouvait me faire du mal pour assouvir de brutales passions, et j'étais sans arme pour me défendre. Je tâchai cependant de ne rien perdre de mon sang-froid ; je me préparai à l'aggression, et je passai d'un pas ferme devant ce malhonnête, qui se contenta de me regarder sans me dire un seul mot. Lorsque j'eus perdu de vue le profil de sa silhouette, je pris la course comme pour échapper à un danger que je croyais réel (à cette époque l'on portait des crinolines, et j'en avais une). En courant, les aciers de ma crinoline frappaient contre mes bottes, ce qui produisait un bruit semblable à celui des pas d'un homme. Je crus que ce rustre me suivait ; je n'osais me retourner dans la crainte de le voir, mais je poussai des cris aigus, puis je tombai de défaillance. Une femme, attirée par mes cris, vint voir ce que j'avais. Je lui expliquai ma peur, et quand je fus remise, je repris mon chemin. Ce jour-là mon chevalier eut l'heureuse idée de me donner cent francs, sans quoi je m'en serais retournée à pied, au risque d'être malade quinze jours. Je me gardai bien de lui conter mon aventure, parce qu'il aurait fallu lui dire que j'avais fait le chemin à pied, à défaut d'argent. Lui dire que j'étais sans argent c'eût été lui en demander, et je me rappelais trop bien qu'il m'avait prise pour une rusée ! Une autre fois, ma bourse étant à sec, je renouvelai la course, mais alors je passai sur la route, où je trouvai un fleuriste qui m'offrit une place. Je le remerciai poliment, mais il insista et je me rendis à son invitation. Je montai sur son char, qui était embaumé par une quantité de fleurs, au milieu desquelles je me serais bien trouvée si le conducteur eût été plus discret... et surtout plus honnête..... Quand je fus pour descendre, je me trouvai bien malheureuse de n'avoir pas une pièce d'or ou tout au moins d'argent pour l'offrir à cet homme, et lui dire : Voilà, monsieur, le prix du trajet.......

La maladie de mon chevalier faisait tous les jours de nouveaux progrès, et quand nous fûmes enchaînés l'un à l'autre par un enfant, il ne lui fut presque plus possible de me voir. Ce fut alors qu'il pria un de ses amis de venir chez moi pour me donner de ses nouvelles, prendre mes lettres, et me remettre la rente qu'il nous faisait. Ce personnage, qui habite un château des environs, trouvait dans le canton des individus qui le taquinaient. Ils avaient l'air de lui dire qu'il était bien privilégié d'avoir l'entrée chez la dame du Colombier. Poussé à bout, il se vit forcé de leur répondre qu'il allait chez elle de la part de monsieur un tel, et non pour son compte. Il ne me rendait que de rares visites, et il m'envoyait, à son tour, pour me remettre la pension mensuelle : tantôt l'un de ses métayers, tantôt sa servante, d'autres fois son forgeron, de sorte qu'un grand nombre de personnes étaient initiées dans ces confidences. Si, dans une campagne, l'on jette au vent des secrets de ce genre, ils s'éparpillent au point d'en couvrir les vallons et les montagnes.

Je voulus sevrer mon enfant à l'âge d'un an. Je consultai pour cela le médecin, qui n'y vit point d'inconvénient. En prenant l'enfant dans ma maison, ce fut de nouvelles souffrances. Je les conterai toutes. Ne me font-elles pas d'ailleurs autant d'honneur que les blessures à un soldat ?

Depuis un an et demi que j'habitais la

campagne, je ne vivais que de fruits et de viande grillée. Ce régime me nuisait, et ma santé s'étiolait. Mon chevalier me disait, quand il me voyait : Que tu deviens maigre, ma pauvre enfant ! que ne prends-tu des bouillons gras ? pourquoi ne fais-tu pas de soupe ? Je lui répondais que je ne savais point la faire. Il faut apprendre, me disait-il. Alors je compris la nécessité de m'habituer à faire le ménage. La rente que j'avais ne me permettait point d'avoir une domestique ; je devais donc me servir moi-même. Apprendre à faire la cuisine et soigner mon enfant en même temps, je trouvais là beaucoup trop de travail. Il fallait en venir à bout, cependant. Tantôt mon dîner sentait la fumée, tantôt le brûlé. Un jour, étant à table, je ne pouvais manger. Il survint une personne de mon voisinage qui me rendait mille services. — J'ai faim, lui dis-je, et je ne peux manger. Cette personne prit une assiette et une fourchette pour goûter mon dîner. — Parbleu ! dit-elle, ce n'est pas étonnant, vous n'y avez pas mis de sel. Après cela, je n'oubliai plus de mettre du sel quand je faisais la cuisine ; j'en mettrai même à toute chose, car mes infortunes seraient moins pures si je n'y mettais pas mon grain de sel ! En faisant le ménage j'avais souvent besoin de légumes. Alors, je m'aperçus que mon jardin était en friche. Il était si bien en friche, que je n'osais m'y promener dans la crainte d'y rencontrer des animaux malfaisants. Je pris le parti de le faire travailler pour ne pas aller au marché.

Je me trouvais si occupée qu'il ne m'était pas possible de sortir dans la journée pour m'approvisionner; je sortais le soir pendant que mon bébé sommeillait, ayant le soin de placer son berceau de manière à ce que, pendant mon absence, il ne se tournât point sens dessus dessous. Cette année, les froids furent intenses ; les neiges se changèrent en glaces et ne fondirent qu'après de longues semaines.

Lorsque je sortais, le soir, dans cette campagne toute blanche, où tout était engourdi, où régnait un silence morne qui me rappelait si bien l'état de mon âme ou le glas de mes amours, car, celui que j'aimais était toujours malade ; quand je sortais, dis-je, par ces temps rigoureux, j'éprouvais plus que jamais le vide affreux qui se faisait autour de moi ! Et alors, je maudissais le destin d'avoir mis sur mon chemin cet homme aux cheveux blancs ! Malgré cela, je ne perdais point la tête ; j'avais le soin de me munir d'un bon révolver, et gare au malotru qui, à une heure indue, aurait eu l'intention d'exercer quelque violence sur ma personne !

Quand l'hiver fut passé, je me trouvai bien soulagée de pouvoir sortir de ma bicoque enfumée pour respirer un air pur, écouter le chant des petits oiseaux, et admirer les beautés de la végétation. Mon esprit se livrait alors à de pénibles réflexions : tout aimait dans la nature, et moi seule je vivais sans amour ! Pendant que ces images pleines de tristesse ballottaient mon âme, de nouvelles tribulations m'attendaient !

Après un frugal repas, c'était dans le mois de mai, mon petit garçon, qui avait dix-huit mois, commençait à babiller. Il me demanda à boire ; je me levai pour aller lui chercher de l'eau, mais je n'eus pas tourné les talons qu'il fit tomber la chaise contre laquelle il était appuyé, et il tomba lui-même sur le pot-au-feu, qui fut cassé. La manche du bras gauche fut emplie de bouillon. Je le déshabillai de suite ; mais la brûlure était opérée, et la peau, détachée du bras, était suspendue au bout de la main. La vapeur lui avait encore brûlé le tour de l'oreille gauche. Je ne négligeai rien pour le soulager. Je le portai d'abord chez le pharmacien ; le médecin fut ensuite appelé. Mon premier souci fut de savoir si la brûlure ne serait pas mortelle ; mais l'on me fit comprendre qu'il était hors de danger, parce que les parties internes de son corps n'étaient point menacées, attendu que l'accident s'était opéré sur un membre.

Quand je fus bien rassurée, je me sentis un peu soulagée par l'espoir de la guérison, car, malgré tout ce que cet enfant me coûtait de souffrance, j'aurais été désespérée s'il m'avait manqué. Alors les tracasseries du ménage me parurent bien douces, comparées à la peine que j'éprouvais de voir souffrir mon bébé.

La visite du docteur, qui venait tous les jours, me gênait en quelque sorte ; mon amour-propre souffrait de laisser pénétrer ce Monsieur dans mon intérieur, parce qu'il pouvait apercevoir le dénuement qui y régnait. Je passai tout l'été à soigner cette cruelle maladie, qui lui a laissé deux cicatrices, l'une tout autour de l'oreille, et l'autre au bras gauche. Comme mes ressources étaient bien bornées, je pouvais à peine suffire aux besoins de toute sorte.

Ce qui me gênait par-dessus tout, c'était la liquidation du procès dont j'ai parlé. A cela, il faut ajouter que n'étant point meublée, j'avais toujours quelque objet de ménage à acheter. J'étais passablement embarrassée quand je trouvais des personnes qui me disaient : Vous ne savez donc pas fouiller dans la cassette de ce septuagénaire ? Par amour-propre, je cachais autant que possible toutes les misères de mon intérieur; mais aujourd'hui que l'on m'a forcée de lever le masque qui voilait les secrets de mon ménage, je veux faire au public ma confession générale, et je réponds à ces personnes : au jeu............ mon chevalier était toujours gracieux, mais quand il s'agissait de dénouer les cordons de la bourse il devenait hargneux. La pénurie d'argent me fit songer à affermer mon enclos, non-seulement pour en tirer un revenu, mais encore afin de pouvoir y puiser pour mon ménage sans qu'il m'en coûtât de payer des mains-d'œuvre. Je trouvai un horloger qui voulut me les louer, et j'y consentis moyennant un modeste prix, tout en me réservant mes droits de propriétaire. Quand cela fut fait, cet homme commença par m'étaler tous les objets de son magasin, me priant de lui acheter ceux que je trouverais à ma convenance, afin de n'avoir pas d'argent à débourser. J'avais des bijoux dont je ne me servais pas, et je ne voyais point la nécessité d'en acheter de nouveaux, d'autant mieux que l'argent m'était plus utile que les bijoux ; mais cet individu fit tant d'instances, je sus d'ailleurs qu'il était fort mauvais payeur et point solvable, que je me déterminai à lui acheter une paire de boucles d'oreilles que je pris à titre de paiement. Je fus passablement mécontente quand, cinq ou six jours après, il vint me dire qu'il avait grand besoin d'argent, et que je lui rendrais grand service si je pouvais lui payer ses bijoux. Mon amour-propre ne me permit point de faire la moindre observation à un pareil astucieux, et je lui payai les objets en question, qui se montaient à vingt-deux francs, sans lui exprimer mon mécontentement, me promettant bien seulement de ne plus rien lui acheter et de le forcer à me payer ou l'obliger à résilier.

Me voyant de si bonne foi, il crut pouvoir

abuser de moi bien autrement, et, quelque temps après, il vint me demander un prêt de cent écus, en disant qu'il avait un protêt dont il voulait se délivrer. Je lui répondis purement et simplement que je ne pouvais rien lui prêter. Quelques jours plus tard, il s'avisa de m'inviter devant le juge de paix, pour me réclamer des dommages-intérêts, parce qu'il prétendait que j'avais coupé deux arbres et deux pieds de vigne dans mon enclos. Les arbres étaient coupés avant que l'enclos ne lui fût loué ; quant aux pieds de vigne, peut-être bien que mon voisin, en labourant, était passé trop près et les avait coupés avec la charrue. Si la chose n'était point ainsi, elle n'était que l'œuvre de mon adversaire, car je ne savais pas moi-même par quel hasard ces deux pieds de vigne avaient été détruits. Le juge de paix trouva la chose absurde, et mon homme en fut quitte pour sa peine et pour ses frais.

N'ayant pu se faire donner raison, il vint dans la même journée se pavaner dans ma propriété, avec sa femme et sa belle-mère, en me disant qu'il était chez lui, et qu'il y resterait malgré moi. A cela, il ajoutait des propos injurieux. Me trouvant compromise dans ma dignité de femme avec ce malotru, je ne pouvais ni ne devais tolérer sa présence. Un échalas protégeant un pied de vigne se trouva sous ma main ; je l'arrachai avec violence pour frapper mon adversaire et le forcer de sortir de chez moi ! Dans la vivacité de l'action, je me défendis comme je sus ou comme je pus ; et après coup je ne me rappelai même pas si j'avais frappé sa femme. Toujours est-il que ce fut elle qui se plaignit, en disant qu'elle était dans une position intéressante, et je fus traduite en police correctionnelle pour m'être défendue contre ces trois individus.

Je fus relaxée, bien entendu, parce que j'étais dans le cas de légitime défense. Quand cette affaire fut terminée, je songeai à leur envoyer une sommation en paiement et les forcer à résilier ; mais ils m'épargnèrent cette peine en partant clandestinement, parce qu'ils avaient commis des actions illicites, et ils étaient à la veille d'être poursuivis judiciairement. Après cela, je me promis bien de ne plus avoir de fermiers et de rester chez moi maîtresse absolue. Je fis travailler mon enclos par des journaliers, et je leur aidais quelquefois. Je craignais d'abord de me salir les mains en remuant la terre ; mais, insensiblement, je mis de côté cette délicatesse de mon sexe, comme je dois une à une les y mettre toutes, et j'appris à planter, à semer, à arroser et à arracher les mauvaises herbes.

Mon petit garçon se développe, il marche, il parle, et son gentil babil me dédommage en quelque sorte des ennuis que je souffre. D'autre part, j'aperçois des défauts dans cette petite créature, que je dois extirper comme j'arrache les mauvaises herbes qu'il y a dans mon jardin. Il est méchant ; il maltraite sans raison les animaux les plus inoffensifs ; il est avare. Si l'on m'apporte quelques primeurs, il paraît satisfait de les recevoir, mais il ne veut rien donner en échange ; il grogne quand je donne à sa nourrice des vêtements déchirés ; il ne veut pas même donner ce qu'il ne peut porter. A peine a-t-il fini sa troisième année que je lui enseigne à lire et à écrire ; je le fais prier, matin et soir, pour la guérison de son père, qui va toujours plus mal. Ce pauvre homme me dit dans toutes ses lettres : « Je « suis malade... Je souffre de ne vous point « voir... Il me tarde d'être mieux, afin de vous « revoir. »

De sorte que je vis d'espérance. Je vois écouler mes années printanières, que je passe dans la retraite, l'isolement et l'abandon, privée de toute espèce de jouissance matérielle, vivant de renoncement, d'abnégation et de sacrifice ! L'abandon où je suis réduite plonge souvent mon âme dans une profonde tristesse, et mes yeux se changent en fontaines de larmes ! Mais, comme étonnée de moi-même, je m'accuse de pusillanimité, je me raidis contre l'infortune et veux être plus forte qu'elle ! Je suis mère et, par amour pour mon enfant, je me résigne à la privation des jouissances de mon âge. Je construits un pont de verre croyant bâtir un pont de pierre !

Les lettres que je reçois m'affligent au lieu de me consoler ; je n'y trouve que des phrases arides, où il n'y a pas un seul mot d'amitié.

Le vieillard est égoïste, parce qu'il sort de la vie. S'il me parle de l'enfant, il ne m'en parle que relativement à la question pécuniaire, pour me dire de me tenir contente et tranquille ; différemment, il ne m'exprime jamais le regret de ne pouvoir le caresser. Pourquoi regrette-t-il de ne pas voir la mère ? Cela se devine ! Jamais la plus petite expression d'un sentiment délicat : il ne s'informe pas ni si je suis bien ni si je suis mal ; il ne comprend pas que chaque âge a ses plaisirs, son esprit, ses mœurs, et il n'a aucune inquiétude à mon sujet de ce qu'il m'a reléguée dans l'isolement et l'abandon ! Il ne craint qu'une chose, c'est que je le trompe, et il charge l'un de ses confidents de savoir dans le canton si je n'admets personne dans mon intimité.

Je suis si peu flattée, et de cette correspondance, et de son auteur, que je la détruis au fur et à mesure qu'elle m'arrive ; et après l'avoir entretenue pendant huit ans, je n'aurai pas une seule lettre à montrer dans mon procès. Le désenchantement me rend la vie insupportable, et il n'y a que l'amour maternel qui puisse me guider dans le chemin scabreux où m'a conduite ce septuagénaire !

J'étais sous l'impression de la tristesse, lorsque je reçus, d'un personnage, une visite qui mérite d'être rapportée. C'était un homme de mon âge ; il avait une taille svelte, des cheveux très-noirs et une mine moitié aristocratique et moitié campagnarde. Il frappa discrètement ; néanmoins, je ne répondis que par le silence, parce que je n'étais pas en costume de réception. Voyant que personne n'allait le recevoir, il alla devant une fenêtre dont les carreaux étaient cassés, et, passant la main entre les châssis, il mit de côté un rideau vert afin de s'assurer s'il y avait quelqu'un. Forcée de me présenter, j'allai le prier de passer dans l'antichambre où je le laissai seul, parce que j'avais besoin de réparer le désordre de mes cheveux. Quelques minutes après, j'allai savoir ce qu'il voulait. Il garda l'incognito, et prétendit avoir ouï dire que j'avais écrit une brochure sur le lapin, dont il venait me demander un exemplaire. Je lui répondis que je n'avais rien écrit de pareil, mais que j'avais lu quelque part que l'élevage des lapins rapportait un revenu, et que je l'avais essayé sans succès. Je lui contai qu'au moment où j'avais plusieurs milliers de ces animaux, une mortalité affreuse me les avait presque tous enlevés ; que leur élevage nécessitait des domestiques, ainsi que bien d'autres dépenses, et qu'après avoir fait l'expérience, ayant reconnu que l'on pouvait perdre ou du moins ne rien gagner, j'avais fermé mon magasin. Il me dit que lui-même écrivait une brochure qu'il devait m'apporter ; mais je ne l'ai plus revu.

En se retirant, il me tendit une main traîtresse; mais je lui refusai la mienne. Voyant que je reculais devant cette trahison, il m'enlaça par la taille et me donna un baiser judaïque! Froissée de ce manque de convenance, j'examinai cet homme avec la plus grande attention, mais je me gardai bien de l'accompagner jusques au seuil de ma demeure. Je sus dans la même journée qu'il était arrivé à midi par l'*express* venant de Bordeaux ; qu'après avoir demandé de quel côté était mon logis, il était venu directement; qu'en sortant de chez moi, il était parti à une heure, par l'*express* venant de Toulouse. Parmi les personnes dont il fixa l'attention, il y en eut une qui le connut, et voilà comment je sus à peu près qui c'était. Dans la réflexion, je fus vivement contrariée de cette visite, qui était l'avant-coureur des événements qui se passeront deux ans plus tard.

Pour faire diversion à mes chagrins et avoir un passe-temps dans ma solitude, j'ouvre chez moi une école d'adultes. Un homme de quarante ans vient le soir pour apprendre à lire; il vient avec son fils, un enfant de douze ans, à qui je donne des leçons de grammaire et de calcul. Une jeune fille, aussi naïve que candide, vient renouveler ses devoirs classiques qu'elle a un peu oubliés. J'aimais cette jeune fille parce qu'elle me rappelait le temps où j'avais sa fraîcheur, sa naïveté et sa candeur. Une femme de mon âge vient encore assister à mes leçons. Des tripotages qui se passèrent et dans lesquels je ne voulus point me mêler m'engagèrent à fermer cette école que j'ai tenue pendant deux ans.

Je suis dans un état de gêne affreux. Ma bicoque est toute délabrée et je ne suis point meublée. A part l'immeuble que j'ai fait bâtir et qui est indépendant de la maison d'habitation, je n'ai que trois pièces dans celle-ci, et encore dans quel état sont-elles ! L'antichambre est la pièce la plus convenable ; on y entre par une porte grillée qui est la seule ouverture par où elle voit le jour. Elle est tapissée de bleu sur un fonds bismark ; un tapis, quatre chaises de jardin, une table ronde, comme on en voit dans les cafés et que j'achetai lorsque j'étais en train de dépenser mon patrimoine, tel est l'ameublement de mon boudoir. La chambre à coucher, qui est à côté, est tellement délabrée qu'il m'est impossible de l'habiter ; je couche dans une alcôve que j'ai faite dans la cuisine. Je couche avec mon enfant dans un petit lit de repos, composé d'un sommier et d'un matelas garni de crin végétal, sur lequel je me gèle en hiver. Je n'ai qu'une seule couverture, garnie de coton, et, comme elle ne me suffit pas quand il fait froid, je mets, par-dessus, le tapis qui me sert de descente de lit. La cuisine est une pièce aussi grande que laide ; le plancher en est écrasé, les murs sont tous maculés, il n'y a qu'une seule fenêtre dont les volets sont percés, et les châssis n'ont aucun vitrage. La cheminée est si grande qu'on y logerait un lit dedans ; elle fume tellement que, pour ne pas m'étouffer, je suis obligée d'avoir toujours la fenêtre ouverte.

Cet état de choses me devient tous les jours plus insupportable, et cependant je n'ose demander des réparations à mon chevalier, car je me souviens toujours qu'il m'a prise pour une rusée ! J'en parlai à celui qui venait chez moi de sa part, et il se chargea de lui faire entendre mes besoins. Ce Monsieur s'acquitta de ma commission, et mon chevalier le pria de me voir pour savoir quelle était la somme qu'il me fallait pour cela. Après avoir bien calculé, je lui fis porter un compte de quinze cents francs. Il examina ce compte trois grands mois, et, après une longue réflexion, il me fit répondre qu'il fallait renoncer à faire ces réparations parce que la somme que je lui demandais était trop considérable ; qu'il aurait souscrit s'il ne m'avait fallu qu'un ou deux cents francs. Je me révoltai en présence de ce refus, et dans ma mauvaise humeur, je lui dis les vérités les plus dures. J'ajoutai que je ne voulais plus rester dans sa bicoque s'il ne la faisait réparer.

Pendant ce temps, une personne vint me dire confidentiellement qu'elle savait de bonne part que mon septuagénaire était mort. J'écrivis de suite à mon correspondant pour m'en assurer. Celui-ci écrivit à son tour à l'un des employés de la maison de mon chevalier, pour le savoir, et sept ou huit jours après, il envoya un message pour me dire que j'avais une lettre à la poste. Cela me parut très-extraordinaire. Je me demandai pourquoi l'on n'avait pas chargé le messager, comme par le passé, de me remettre cette missive, au lieu de m'envoyer dire qu'elle était à la poste. Je crus qu'on voulait me faire pressentir l'événement que j'appréhendais, et j'écrivis en ces termes à celui qui me répondait d'une manière aussi équivoque :

« Je suis sous l'impression de la peine et de
« la douleur! Cette douleur m'a ôté le som-
« meil et l'appétit! Aujourd'hui que j'ai perdu
« celui que j'aimais, je regrette de lui avoir
« dit des méchancetés que je ne pensais pas.
« J'oubliais que la parole ne nous a été don-
« née que pour exprimer la pensée, et la
« pensée pour la vérité et la vertu. Il m'avait
« exprimé plusieurs fois le regret qu'il avait
« de m'avoir ravi l'honneur et la peine qu'il
« éprouvait d'être dans l'impossibilité de le
« réparer. Mais pour cela puis-je lui en vou-
« loir? N'ai-je pas été pour lui, sans m'en dou-
« ter, un démon tentateur? J'allais chez lui
« pour solliciter sa protection ; j'y allais seule,
« j'étais jeune et d'une taille moyenne, j'avais
« une tenue convenable, je m'exprimais bien :
« il n'en faut pas tant pour tenter un homme.
« Quand il me connut, il regretta d'avoir cher-
« ché à nouer des relations avec moi ; premiè-
« rement, dans l'intérêt de sa famille ; seconde-
« ment, dans mon intérêt personnel ; mais
« alors, pour des raisons qui se devinent,

« il ne lui était pas possible de briser ses
« liens, son honneur lui en faisait encore un
« devoir. Je l'aimais parce que je l'avais
« connu, parce que j'avais goûté avec lui les
« plaisirs de la volupté, parce qu'il trouva chez
« moi un cœur vierge de toute affection, qu'au-
« cune passion n'avait encore fatigué. Alors
« je m'attachai fortement à lui comme le lierre
« s'attache au chêne qui l'a vu naître. Aujour-
« d'hui, il est mort ! que ne m'est-il permis de
« lui dire tout bas à l'oreille, avant qu'on le
« dépose dans le cercueil : « Ami ! je vous
« aime, et je vous serai fidèle ! Vous emportez
« dans la tombe les affections de mon cœur;
« nul ne vous les prendra ! » Ne me semble-
« t-il pas le voir avec l'expression de la vivacité
« qui rayonnait dans son visage, l'agilité et la
« souplesse de ses membres, qui lui don-
« naient une grâce parfaite ! Ne m'a-t-il pas
« donné des preuves d'amitié en avouant ses
« faiblesses à des amis pour me servir dans
« le besoin ! Cela me fit de la peine parce que
« j'aurais voulu que lui seul possédât les
« secrets de mon cœur; les livrer à d'autres
« me paraissait une indiscrétion ! Je m'alarme
« peut-être inutilement : le bruit de sa mort,

« qui raisonne à mes oreilles, n'est-il pas faux ?
« Mais s'il en était ainsi, pourquoi m'auriez-
« vous écrit la semaine dernière qu'il était à
« la campagne gardé à vue ? Vous me promet-
« tiez de venir, vous n'êtes point venu ; vous
« m'avez envoyé un message et point de
« lettre. Vous êtes malade, m'a-t-on dit :
« tant pis ! je le regrette ! mais je crains que
« votre maladie ne soit qu'un prétexte pour
« me faire pressentir la vérité que vous n'osez
« me dire. »

Je remis cette lettre au messager pour la donner à son maître, et dans la même journée, je reçus celle qu'on m'avait annoncée : elle m'apprenait que la mort n'avait point frappé à la porte de mon chevalier. Après coup, je fus contrariée d'avoir exprimé mes regrets à ce sujet bien inutilement. Ils touchèrent le monsieur qui les entendait, et il les fit passer, par l'intermédiaire d'un employé, à celui qui en était l'objet.

Quand on m'envoyait des domestiques, je leur donnais mes lettres cachetées; mais si le commissionnaire les prenait lui-même, je les lui remettais, selon l'usage, sans prendre cette précaution. Il n'avait pas le soin de les cacheter, et il les remettait telles qu'il les prenait, soit à un employé, soit à un gentilhomme qui était initié dans ces affaires. Alors, il arrivait assez souvent qu'elles étaient lues par ces trois hommes avant de parvenir au maître; mais celui qui les lui donnait avait le soin de les cacheter, et mon chevalier ne croyait certainement pas les lire le dernier. Il me défendait de lui écrire par la poste, et je ne le faisais que lorsqu'il y avait urgence. Dans ce cas, ma correspondance était vue par les siens; mais on ne la retenait pas, car le pauvre invalide répondait toujours à ce que je lui disais. Quand ledit gentilhomme vit mes plaintes au sujet des réparations que je demandais, il en parla à mon septuagénaire, qui se détermina à faire réparer la bicoque de sa jeune femme. Je ne sais si cette année il avait grêlé ou si le commerce avait chômé, toujours est-il qu'on m'avait retiré deux cents francs sur le traitement, et le gentilhomme en question me les fit redonner.

Mon chevalier me fit promettre de donner son culte à notre fils. C'est pour cette raison que mon enfant n'a pas été baptisé. Je tiendrai cette promesse, ainsi que la promesse de fidélité, comme il tiendra les siennes ; et mon fils pratiquera le culte de sa mère, qui prescrit le plus grand respect pour le bien d'autrui.

Après les instances du gentilhomme, mon chevalier examina de nouveau la note dont le chiffre lui paraissait si onéreux. Pour faire cet examen, il lui fallut trois autres mois de réflexion, et il m'envoya cent écus destinés à cet usage, en me promettant de donner le reste insensiblement.

Je commence par réparer la chambre à coucher ; je ferme une vieille ouverture et j'ouvre une fenêtre fermée en cloison ; il manque cinq ou six mètres de plancher que je fais remettre ; je fais plafonner et enduire les murs, et après cela, j'ai une chambre, toute blanche, dans laquelle j'installe mon petit lit, qui est l'unique ameublement de cette pièce. Quand le soir nous nous couchons, nous prenons deux chaises dans l'antichambre, l'une pour mettre nos vêtements, et l'autre en guise de table de nuit, sur laquelle je pose mon bougeoir et mon revolver. Comme mon lit est bien petit, nous y sommes gênés ; alors, je fais coucher l'enfant aux pieds et moi je couche à la tête. Nous avons dormi de cette façon pendant deux ans.

Je ne vais jamais à la messe, tellement que mes voisins me croient protestante. Je n'assiste point aux offices, parce que je n'ai pas de toilette, et non par opposition à l'esprit de religion. J'ai si peu l'esprit anti-religieux que j'ai adopté le nom d'Elisabeth, qui me fut donné dans la chapelle de Piétat, située dans la banlieue de Condom, lorsque j'y pris le voile de novice. J'ai habituellement un costume convenable, que je garde soigneusement, et dont je me sers lorsque j'ai une visite à recevoir ou un voyage à faire ; mais je l'épargne autant que possible parce je me trouve toujours gênée quand il faut le renouveler. Comme je n'ai pas les moyens d'avoir des costumes pour chaque saison, je choisis des étoffes que je puisse porter en tout temps ; à part le costume de réserve, je n'ai jamais qu'un peignoir dont je me sers habituellement. Dans le choix de la mode, j'aime la simplicité jointe à l'élégance, et je contente mon goût autant que ma bourse me le permet.

Mon chevalier se détermine à m'envoyer de nouvelles sommes pour mes réparations ; et pour ne pas que je dépense trop d'argent à la fois, il ne m'envoie que cent francs par cent francs. J'ai une cuisine dont je veux faire une salle à manger : j'en élève le plancher, je change les volets de la seule ouverture qui éclaire cette pièce, et je pratique une porte à deux ouvrants. Je démolis la cheminée pour en faire une plus petite ; mais je ne l'ai pas encore achevée que mon maçon vient m'apprendre la mort de mon chevalier.

Deux jours auparavant, j'avais éprouvé un cauchemar à la suite duquel tous les pores de mon corps rejetaient une sueur glacée dont je fus inondée ; un tressaillement nerveux se joignit à mon malaise qui se termina par une défaillance. En se dégageant de sa dépouille mortelle, cette âme sensuelle a donc voulu me donner une dernière étreinte, comme pour me faire connaître son passage dans l'éternité !

Il meurt à l'âge de soixante-quatorze ans, et me laisse veuve à l'âge de trente ans, après l'avoir été trois ans de son vivant. Il me laisse dans une maison où les réparations ne sont pas achevées, dans laquelle je suis sans linge, sans meubles, sans vêtements, sans argent, et je dois une somme de six cents francs. Il laisse cependant un million en bien-fonds, dont l'aspect brillant faisait croire à d'autres millions.

J'oublie mes souffrances pour déplorer sa perte! Mais pendant que je suis plongée dans le deuil et la tristesse, les nuages s'amoncellent sur ma tête, et l'orage est prêt à éclater plus fort que jamais.

Un grand mois se passa sans que personne vint me faire part des dispositions testamentaires qui me concernaient. J'écrivis alors à l'un de ceux qui étaient chargés de nos intérêts; mais la réponse fut tardive parce que ce monsieur était dans les Pyrénées, et ma lettre l'attendit au château où il fait sa résidence. En rentrant, il me répondit qu'il allait s'occuper de mes affaires; qu'il verrait le porteur du testament ainsi que le fidéicommissaire. Mais le bonhomme devait arriver trop tard, car le testament avait été déposé par le porteur, qui était un employé de la maison, entre les mains du président du tribunal; et les héritiers naturels l'en avaient retiré depuis plusieurs jours.

Cette réponse ne me contente point. Je me demande pourquoi le gentilhomme ne s'acquitte pas de sa mission; plusieurs fois je prends la plume pour lui écrire, mais j'éprouve de la répugnance à écrire à cet homme que je n'ai jamais vu. Réfléchissant à la visite qu'on m'a faite, il y a deux ans, je trouve plus naturel d'écrire au légataire universel, et je le fais en ces termes :

« La visite que vous m'avez faite il y a
« deux ans me prouve que vous n'ignorez
« rien de ce qui s'est passé entre feu votre
« père et moi. Depuis trois ans que je ne le
« voyais pas, il nous faisait parvenir une
« pension mensuelle par l'intermédiaire de
« messieurs N. et T. de M. Il m'a toujours
« promis de nous laisser des ressources pécu-
« niaires, mais il ne l'a pas fait, car j'ai écrit
« à ces messieurs, et ils m'ont répondu de la
« manière la plus équivoque.

« La bicoque du Colombier vous appar-
« tient : je l'achetai, il y a cinq ans, mais feu
« votre père me prêta l'argent pour la payer,
« et eut le soin de faire prendre une hypothè-
« que ; j'attendais avec anxiété que vous
« veniez nous en chasser, mais puisque vous
« ne le faites pas, j'ose espérer que vous vous
« conduirez en honnête homme.

« A titre de mère d'un enfant qui est votre
« frère, je vous prie de nous continuer la pen-
« sion que nous faisait feu votre père, et je me

« plais à croire que vous n'ajouterez point à
« la peine de la demande celle du refus. »

Le doute que j'exprimais n'était autre chose que de la déférence pour le fils légitime, à qui je voulais réclamer ce qui m'était dû sans le blesser ; mais quel ne fut pas mon étonnement lorsque, le surlendemain, je reçus la réponse la plus malhonnête. Je vais la citer textuellement :

« Si je réponds à votre lettre, ce n'est que
« parce que vous dites que je suis allé vous
« voir, il y a deux ans. Or, je ne vous connais
« absolument pas et ne vous ai jamais vue.

« Quant à ce que vous dites de pension,
« d'enfant, de frère, je ne sais ce que cela
« signifie, à moins que ce soit de ces chan-
« tages auxquels tout honnête homme est ex-
« posé, même après sa mort. Je ne suis
« pas tendre là-dessus, et vous préviens que
« si la moindre tentative de ce genre était
« faite par vous, je m'entendrais de suite avec
« le procureur de la République, et nous
« mènerions rigoureusement l'affaire.

« Quant à l'hypothèque dont vous me par-
« lez, je n'ai rien trouvé de ce genre dans les
« écritures ni dans les papiers de mon père ;

« et j'ignorais qu'il fût propriétaire à Valence. »

Cette réponse me dénotait la mauvaise foi contre laquelle j'aurais à lutter. En même temps, c'était vers le quinze septembre, deux hommes se promenaient dans la ville d'Agen, vis-à-vis d'un ancien palais de justice, et là, l'un disait à l'autre :

— Quand donc irons-nous chez la dame du Colombier pour lui annoncer les dernières volontés du défunt ?

— Nous irons après les vendanges, répondait son interlocuteur.

Cet entretien se continuait dans les termes les plus équivoques, et celui qui était de mauvaise foi finit par dire : Elle est encore jeune, elle se prostituera.

Le fidèle commissionnaire m'écrivit de suite après cette entrevue pour m'annoncer sa visite et celle de son compagnon; il me disait qu'il serait chez moi de bonne heure, parce qu'il voulait me parler avant que le gentilhomme n'arrivât.

Il vint en effet pour me rendre compte de ce que lui avait dit le porteur du testament et le fidéicommissaire. Ce dernier prétendait qu'on ne voulait rien me donner si je ne remettais les lettres et le portrait de mon chevalier. On eut beau lui parler de mes intérêts, il éludait les questions ou n'y répondait que d'une manière vague, laissant entendre seulement que le pli contenait de l'argent. Le porteur du testament disait qu'il avait ce pli entre les mains, qu'il avait écrit au gentilhomme, et qu'il ne savait pas pourquoi celui-ci ne venait pas le chercher. Il avait su, en même temps, par l'héritier principal, que mon fils leur faisait ombrage, et qu'ils avaient eu bien peur de me voir immédiatement après la mort de leur père. On lui avait dit encore que je devrais élever mon fils dans les conditions les plus modestes, en lui donnant l'une des professions de maçon ou de charpentier. En voilà des idées plates ! Mon visiteur me quitta, après m'avoir bien renseignée, pour aller attendre son compagnon, qu'il devait me présenter. Mais le gaillard ne se rendit point, et l'homme de bonne foi revint seul pour me dire qu'il allait écrire à son compère, afin de lui donner un second rendez-vous.

Le lendemain, j'écrivis moi-même à celui qui se faisait tant désirer, pour lui dire que j'avais les besoins les plus urgents, et que je trouvais bien extraordinaire qu'on cessât de me payer la pension alimentaire. Mais ce beau Monsieur ne me répondit pas plus qu'à celui qui, d'autre part, lui donnait un second rendez-vous. Il vint seul, huit jours après, me salua, et me dit son nom, car je ne l'avais jamais vu. Je vais rapporter avec toute la précision possible les termes de notre dialogue.

— Je suis chargé d'une mission et je viens pour la remplir. — Je n'en doute pas, je suis même étonnée que vous ne soyez pas venu plus tôt. — Je viens en homme de bon conseil vous engager à élever votre fils dans des sentiments d'humilité ; il n'est pas nécessaire qu'il connaisse son origine, il ne faut point lui faire connaître ses frères parce que, selon la loi, ils ne le sont point. — Mon chevalier m'a toujours dit que vous viendriez huit jours après sa mort pour régler nos intérêts, et non pour me tracer le plan d'éducation de mon fils, car je crois avoir le droit de l'élever comme bon me semblera. — Je comprends que la question pécuniaire vous préoccupe en ce moment; l'on m'a remis vos titres de propriété, mais je dois vous dire que le défunt a laissé un écrit formel, dans lequel il dit qu'il faut vendre cet enclos pour doter votre enfant. — Vendre ma propriété pour doter mon enfant? Cela n'est point possible, car le défunt n'avait fait prendre une hypothèque que pour m'empêcher de vendre; il m'a toujours dit qu'elle m'appartenait; par conséquent, je suis chez moi! — Vous avez donc l'intention de rester ici? — Où voulez-vous que j'aille? — Pourquoi n'iriez-vous pas à Toulouse ou à Bordeaux? vous chercheriez à donner des leçons : si vous le voulez, je vous recommanderai; tandis que vous végèteriez ici, car vous vivez comme une campagnarde. — Je réclame les ressources pécuniaires qu'on m'a toujours promises, et non des conseils. — Il a laissé une somme d'argent pour doter votre enfant, et cette somme doit être placée en rentes sur l'Etat. — Pourquoi prendre tant de précautions pour dire une chose si simple? Mais cela n'est pas tout; il doit avoir laissé pour moi une somme indépendante? — Il n'a rien laissé pour vous. — Comment! un homme de cet âge aurait trompé une jeune fille? et il aurait pris des témoins pour le faire? C'est absurde! Combien a-t-il laissé pour mon fils? — Il a laissé une somme de sept mille francs. — Vous cherchez à me duper, j'en ai la conviction, car le défunt m'avait toujours dit le chiffre qu'il donnait à mon fils, et cela ne fait point le compte. — Quand j'ai décacheté le pli qui m'était adressé, j'ai pris des témoins, et je puis vous assurer qu'il n'y avait pas davantage. — Pourquoi ne l'avez-vous pas décacheté devant moi? — Le pli était à mon adresse. — Mais puisqu'il contenait les deniers de mon fils, vous ne deviez l'ouvrir qu'en ma présence! — Je n'y ai pas pensé. — Vous l'avez fait à dessein, pour nous cacher nos titres : voilà pour qu'elle raison vous vous êtes fait attendre; car je comprends parfaitement que vous n'osiez vous présenter parce que vous vous attendiez à m'entendre pousser de hauts cris. Pourquoi ne m'avez-vous pas porté ce pli cacheté? — Je ne l'ai pas fait, c'est un petit malheur. — Puisque vous traitez si légèrement une affaire aussi grave, je m'adresserai aux frères de mon enfant. — Ils vous diront qu'ils ne vous connaissent pas. — Je me ferai connaître. — Ils vous feront arrêter pour vagabondage. — Mais il faudrait prouver que je suis une vagabonde. — La loi protége toujours le riche. — La loi doit protéger le faible contre le fort. Vous êtes donc de connivence puisque vous connaissez leurs mauvaises intentions? — Je ne suis de connivence avec personne, mais je ne voudrais pas que vous leur fissiez de la peine. — Pourquoi commencent-ils par m'en faire? Ils devraient savoir que le monde est un miroir qui rend ce qu'on lui donne. Comment savaient-ils que j'étais la maîtresse de leur père? — Il y avait longtemps que le légataire universel avait ouvert une de vos lettres par mégarde : voilà comment il découvrit le mystère. — Dites-lui de ma part que je veux tout ce qui nous est dû ou que je ne veux rien. — Cela vous regarde. Il prit congé de moi et me laissa cent francs. Cela se passait deux mois après la mort de mon chevalier.

Par cette visite, je m'expliquai facilement que les héritiers naturels et le fidéicommissaire s'étaient entendus pour me nuire ; alors, je réfutai les grossièretés du légataire universel de la manière suivante :

« Après une longue réflexion, je réponds à
« la lettre malséante que vous m'avez écrite.
« Vos menaces m'ont fait sourire et ne m'ont

« pas effrayée. Lorsque votre père voulut
« m'émanciper, il y a huit ans de cela, il ne
« s'entendit pas avec le procureur de la Répu-
« blique. Par conséquent nous n'avons pas
« besoin de lui : arrangeons nos affaires en
« famille, et n'amusons pas le public à nos
« dépens. Vous ignorez sans doute que j'ai
« des armes pour me défendre! En devenant
« la maîtresse de votre père, je suis entrée
« dans un labyrinthe d'ennuis où je n'ai pu
« me retrouver. Il est temps que j'en sorte!
« Je réclame ce qui nous est dû, et non de la
« tendresse dont je n'ai que faire, car je sais
« trop ce que m'a coûté celle de votre père! »

Après avoir expédié cette missive, je me dis : « Ils viennent me prêcher l'humilité lorsqu'ils s'entourent de tous les raffinements du luxe. Quelle dérision! Ils ne voudraient pas que mon fils connût son origine, mais ils ne prennent guère les moyens de la lui cacher; et dans les conditions où j'étais avec mon chevalier, il ne serait pas possible de le faire. Ils ont peur que je l'élève trop bien ; après m'avoir conduite dans la mauvaise voie, ils voudraient encore me détourner de l'accomplissement de mes devoirs de mère. Ils craignent, avec raison, que cet enfant ne leur demande compte un jour de tout ce qu'ils m'ont fait souffrir, et qu'il ne se fasse un devoir de venger l'honneur de sa mère ! Je n'ai que faire de leurs conseils, qui sont dictés par l'égoïsme et non par la bienveillance.

« Je formerai mon fils à la pratique des vertus sociales, morales et religieuses ; je lui apprendrai cette humilité chrétienne qui consiste dans la connaissance de soi-même, et cette simplicité qui est la marque du vrai mérite ; mais loin de chercher à l'humilier d'une faute qui n'est point la sienne, je tâcherai de l'en dédommager par mon dévouement. Je suis son professeur, et pourvu que Dieu me prête vie, il n'aura jamais d'autre précepteur que sa mère. Je lui donnerai des maîtres pour les connaissances que je n'ai pas moi-même ; mais je développerai son esprit et son cœur, que j'inclinerai toujours vers le bien ou la vertu. En étudiant l'histoire, je lui ferai remarquer que, quelles que soient les charges et les dignités dont un homme est revêtu, il ne laisse après lui qu'une page dans les chroniques, qui flétrit ses vices ou honore ses vertus, afin de lui inspirer de l'amour pour le bien et de l'horreur pour le mal. Je l'habituerai à n'avoir d'autres conseillers que Dieu et sa conscience, et à se conduire toujours comme il voudrait l'avoir fait au moment de la mort. Je souhaiterais de tout mon cœur de pouvoir lui inspirer, non point l'erreur qu'on appelle quiétisme, mais cette piété bien entendue qui perfectionne l'homme en le rendant meilleur. Je compterais pour rien mes fatigues si je parvenais à lui former un esprit droit et un bon cœur, et s'il compensait le défaut de naissance par des vertus solides. Dieu me donnera peut-être cette consolation comme une revanche à mes malheurs, et j'espère voir mon fils grandir en âge, en science et en sagesse. Si j'élève un petit monstre, qui ne réponde à mes soins que par la rébellion, j'en serai bien peinée, mais j'aurai rempli mon devoir, et ma conscience sera à l'abri de reproches quand je paraîtrai devant le Souverain-Juge.

On a décacheté, à mon insu, le pli qui m'était destiné ; or, il est évident qu'on ne veut pas me donner connaissance de la succession, et qu'on ne vient me menacer de me faire arrêter pour vagabondage que pour m'intimider. Ils me croient assez niaise pour les craindre, lorsque ce sont eux qui doivent redouter les effets de mon courroux !

Sans perdre de temps, je me dispose à rendre une visite à l'héritier, principal pour me faire connaître. En me présentant, je lui dis mon nom, et il me répond qu'il ne me connait absolument pas. Cependant, il me fait signe de monter ; mais je reconnais que ce n'est pas lui qui est venu me voir, comme je le lui ai reproché. Alors j'hésite ; il comprend mon embarras et me dit : « Si vous préférez revenir à deux heures, vous m'accommoderez. Je le lui promets, mais je n'y reviens pas ce jour-là ; je vais à la recherche du mystérieux personnage qui était venu me tendre une main traîtresse, et je reconnais mon visiteur dans le second beau-frère de l'héritier principal. Pour réparer ma méprise, le lendemain j'écrivis en ces termes à ce dernier :

« Après vous avoir vu, j'ai reconnu vous avoir fait un reproche assez injuste, que vous ne méritiez point. Celui qui vint me voir, comme je vous l'ai dit, était d'une taille plus grande que la vôtre ; j'ai toujours cru que vous étiez ce singulier visiteur, parce que les renseignements qui me furent donnés à ce sujet n'étaient point précis. J'ai dû vous faire de la peine, et comme je l'ai fait mal à propos, je le regrette et vous en demande bien pardon. J'ai compris sur votre visage l'impression pénible que je vous ai causée. Je ne chercherai point à vous faire de la peine ; mais ne me provoquez pas, laissez remplir la mission au fidéicommissaire telle qu'elle lui a été confiée : voilà ce que j'avais à vous dire. »

J'y revins quelques jours après, et dans cette visite, je fis des découvertes qui achevèrent de me convaincre que mes adversaires étaient de mauvaise foi. Le légataire universel me dit que la somme qu'on voulait me compter était un legs fait dans le testament, tandis que le fidéicommissaire avait voulu me faire croire que cet argent était contenu dans le pli. Le secrétaire, qui était présent, me dit qu'il y avait, de plus, une créance d'un individu de Layrac et un écrit indépendant du testament. Je fais entendre au légataire universel que j'ai besoin d'argent. Il me répond de m'adresser au gentilhomme, à qui il remettra le prétendu legs, mais qu'il ne veut point payer la maîtresse de son père. Je réitère plusieurs fois ma demande pour avoir toujours la même réponse. Il finit par dire au secrétaire de me prêter trois francs, afin que je puisse prendre le train pour rentrer chez moi, et il ajoute qu'il ne lui garantit pas ces trois francs. Le secrétaire, prenant l'air d'un homme très-important, me demande si c'est un prêt ou une aumône que je sollicite. Je lui réponds que c'est un prêt, et alors il me donne dix francs. J'avais mon petit garçon, qui s'amusait à remuer les papiers qui étaient sur le secrétaire, lorsque le légataire universel le montra du doigt en disant : « Me supposeriez-vous assez niais pour me faire croire que mon père, à soixante-dix ans, a pu avoir ce gamin ? » — Et moi, je dis que si cet enfant n'est pas le fils de mon chevalier, il est celui du Saint-Esprit. Mon adversaire ajoute que son père m'a trompée, quant à la question pécuniaire; et, en avouant qu'il a la quittance de ma maison, après m'avoir dit qu'il n'avait rien trouvé de ce genre ni dans les écritures, ni dans les papiers de son père, lorsque je lui demandais mes titres de propriété, il me dit qu'il me ferait exproprier si je réclamais autre chose que le prétendu legs.

Je suis sans le sou, je peux même dire sans le liard, en présence des mes adversaires, qui veulent à tout prix me cacher les dispositions du défunt. Je jette un regard sur le passé, qui me paraît un songe dont le réveil est affreux! L'avenir se montre à moi comme un fantôme, et je recule d'épouvante!!! J'ai un enfant et pas de pain à lui donner; quelle douleur poignante! Mon être éprouve alors une forte commotion : mes forces physiques semblent vouloir s'évanouir! mes facultés intellectuelles s'anéantir!

Dans cette situation, je pris ma montre pour aller la vendre, mais quand je fus dans la maison où j'allais pour cela, je n'osai dire le motif qui m'y avait amenée, et, non sans embarras, je supposai des raisons que je n'avais pas. Le fidèle commissaire vint me tirer de cette perplexité, en m'engageant à accepter ce qu'on voulait me donner, pour réclamer le tout ensuite. Il me fit entendre qu'il fallait me faire remettre la chose à moi, au lieu de la laisser convertir en rente sur l'Etat, pour l'enfant, comme on voulait le faire, parce que le revenu étant insuffisant, je pourrais toucher au capital, en attendant des jours meilleurs. Avec mon assentiment, il se chargea de cette commission, et mes adversaires s'empressèrent de faire ce que je demandais, parce qu'ils croyaient que je les tiendrais quittes ainsi.

C'était trois mois après la mort de mon chevalier que le commissionnaire et le fidéicommissaire vinrent ensemble chez moi. Ce dernier déposa sur la table de mon antichambre le pli décacheté, le contrat d'obligation passé avec le commissionnaire, la quittance de ce contrat et l'extrait de naissance de mon fils. Après cela, il me lut un écrit qu'il ne voulut pas me mettre entre les mains. En voici la teneur : Le gentilhomme était chargé de m'annoncer la mort de mon chevalier : voilà quel était le premier article ; le second disait qu'il y avait une somme de six mille francs et une créance de onze cents francs pour acheter des rentes à mon fils ; le troisième prétendait qu'il fallait vendre mon enclos pour acheter d'autres rentes à l'enfant ; le quatrième était le plus beau, c'était une recommandation conçue en ces termes : Elle est une mauvaise tête, veillez sur elle, protégez-la au besoin. On verra dans la suite de quelle manière ils me protégeront.

On ne me fait pas voir le testament, on me dit qu'il y a une créance, mais on ne me la montre pas pour que je n'en connaisse point le chiffre.

Le fidéicommissaire exige que je lui remette le portrait du défunt. Comment savait-on que j'avais ce portrait? C'est parce qu'on le vit dans mon antichambre, quand on me fit la visite mystérieuse dont j'ai parlé. Je remis un portrait, mais comme j'en avais deux, il m'en restait un autre; de plus, on exige les lettres parce que l'on craint qu'elles ne soient relatives au testament. Je n'en avais aucune, comme je l'ai dit, parce que je les détruisais au fur et à mesure que je les recevais. Dans la précédente visite que m'avait faite le commissionnaire, il m'en avait remis deux que mon chevalier lui avait écrites à mon sujet. C'étaient les seules qui lui restaient, parce qu'il les déchirait quand il les avait lues. Je remis ces deux lettres, et l'on me conduisit chez un notaire pour me faire écrire trois déclarations : dans la première, l'on me fit dire que je remettais tous les objets que m'avait donnés le défunt, et qu'il ne me restait plus rien de lui. Pour retirer mon contrat d'obligation, la quittance et un peu d'argent, j'écrivis tout ce qu'ils voulurent, au risque de mentir; mais ce qu'il y a de plus piquant, c'est qu'ils auraient voulu me faire signer cette balourdise sur mon honneur.

Je leur répondis que cela ne m'était point possible, attendu que mon chevalier m'avait emporté cet honneur dans l'autre monde, et je signai tout simplement. Ils me firent écrire une seconde déclaration pour la somme que je recevais, et une troisième pour mon contrat d'obligation. On lut chez le notaire l'écrit qu'on avait lu chez moi, mais on ne fit rien de ce qui était dit dans ce prétendu testament. On me remit enfin mon contrat, la quittance, l'extrait de naissance de mon fils, et une somme de sept mille cent francs. Pour mettre le comble à la singularité des faits, ou par une ironique galanterie, ils voulurent payer la main-levée de mon hypothèque et l'honoraire du notaire.

Après cela, je ne dissimulai point que je ne me contentais pas ainsi, et que je voulais la dot de mon enfant. J'écrivis de tous côtés, mais personne ne me répondit. J'allai à Agen pour avoir un entretien avec le fidéicommissaire et le légataire universel : celui-ci était en voyage, et je ne pus le voir. Alors, je remis au secrétaire les dix francs qu'il m'avait prêtés.

Je cherchai le fidéicommissaire, et j'allai le joindre dans un certain café, où je le priai de sortir parce que j'avais à lui parler. — A moi? me dit-il de l'air le plus étonné. — Oui, à vous, lui répondis-je avec fermeté. Voici quel fut son langage quand nous fûmes sortis : — Que me voulez-vous? femme sans pudeur que vous êtes! si ce n'était par égard pour votre sexe, je vous donnerais deux bons soufflets. — Je veux que vous vous acquittiez de la mission qui vous a été confiée pour mon fils. — Je ne vous dois rien, pas plus qu'à votre fils, mauvaise femme! et je vais vous dénoncer à la police. En disant cela, il me conduisit à l'hôtel-de-ville, et m'introduisit chez le commissaire de police, à qui il parla en ces termes : « Je suis monsieur un tel, je ne sais ce que me veut cette femme, qui est venue me joindre au café, et qui s'est présentée ce matin dans les maisons les plus respectables. Je l'ai couverte de billets de banque, lorsqu'elle ne vaut rien. Elle m'écrit tous les jours, mais je ne veux pas entretenir de correspondance avec une femme de son espèce, et si elle s'avise de venir chez moi, je la ferai arrêter; du reste, elle est folle. Il sortit après avoir ainsi parlé, et me laissa seule avec l'officier de police, à qui j'expliquai la chose. Mais je n'eus pas le

temps d'achever que le fidéicommissaire ouvrit la porte brusquement et parut de nouveau.
— Pourquoi écoutez-vous cette femme? dit-il au commissaire; ne vous ai-je pas dit qu'elle était folle? L'officier de police avait compris la chose et nous pria de sortir tous les deux.

Il faisait très-froid ce jour-là. Nous retournâmes à l'hôtel du légataire universel, avec l'intention de nous chauffer chez le portier. Celui-ci, ou plutôt celle-ci, car c'était une femme, n'avait pas de feu. Elle nous engagea à passer dans la cuisine, où nous la suivîmes. Elle nous donna des siéges et des chaufferettes, et nous demanda si nous ne voulions rien prendre. Je la remerciai. — Et ce petit monsieur, dit-elle, en regardant l'enfant, ne veut-il pas goûter? — J'ai des gâteaux dans mon sac, riposta mon petit garçon, mais j'ai soif. En disant cela, il se leva, ouvrit son sac, et laissa sur la chaise une dizaine de biscuits. On lui donna à boire, et, quand il eut goûté, il alla voir ce qui se passait dans les pièces voisines. Il en fit plusieurs fois le tour, et nous nous retirâmes.

Nous y retournâmes quelque temps après; mais le légataire universel envoya chercher la police pour nous faire sortir de chez lui. Il avait dû porter de grandes plaintes au commissaire, car celui-ci m'envoya chercher, lorsqu'il sut que j'étais à Agen, par deux sergents de ville, avec lesquels je traversai une place publique, pour me dire que mon adversaire alléguait que ma présence dans sa maison scandalisait sa femme. Les Agenais comprendront combien je devais offusquer une personne aussi irréprochable !

Quand on ne veut pas voir quelqu'un, on commence par lui payer ce qu'on lui doit, c'est le meilleur moyen d'éloigner leur présence.

Je me souviens que j'ai des dettes et je me dispose à les acquitter. Le meilleur moyen de se faire respecter, c'est de ne rien devoir à qui que ce soit. Après cela, j'achète un lit dont j'ai le plus grand besoin, et je renouvelle mon vestiaire qui est tout en lambeaux.

J'écris à mes adversaires lettres sur lettres. Par ironie, je les qualifie de barons et de seigneurs, mais ils ne sont point susceptibles, et ils supportent philosophiquement tous mes sarcasmes sans vouloir se rendre. Je me fatigue de leur écrire, et je prie un avocat de les avertir que je vais les actionner. Sans doute, je n'ai point de titres, car ils me les retiennent ; mais voudront-ils laisser voir au public qu'ils ont décacheté à mon insu le pli qui m'était destiné pour me faire croire qu'il n'y avait dedans que l'extrait de naissance de mon fils ? Ne puis-je pas d'ailleurs obtenir des dommages-intérêts parce qu'on me cache les dispositions du défunt, qui avait contracté à mon égard des dettes sacrées ? Et cet écrit qu'on a lu chez un notaire, lorsqu'on n'a rien fait de ce qu'il disait, pourra-t-on le montrer ? Quand on leur écrit de ma part, que fait-on ? On répond par une lettre dont le sens est équivoque, afin de me faire attendre pour avoir le temps de m'assigner devant le tribunal civil de Moissac ; et, comme je recevais l'assignation, mon avocat lisait une missive dans laquelle on lui disait que j'étais une femme scandaleuse, qu'il fallait traiter sans ménagement. Quel charlatanisme ! L'assignation m'est envoyée par six personnes, en tête desquelles figure l'héritier principal ; après lui, viennent ses deux sœurs et leurs maris. Le gentilhomme fidéicommissaire se joint à eux pour me faire un procès dérisoire, par lequel ils me réclament dix mille francs de dommages-intérêts, pour le tort que je leur porte par des prétentions qu'ils disent mal fondées.

Ils se flattent tout haut de vouloir me ruiner. Par ce procédé, ils se font plus de mal à eux-mêmes qu'ils ne m'en font à moi, car s'ils me ruinent, ne me reste-t-il pas ma tête pour travailler, tandis qu'ils perdent l'estime publique, qui marche de pair avec le crédit? et quand une fois on l'a perdue, on ne la recouvre plus. Dans l'intérêt de leur procès, ils font une enquête à mon sujet. Ils ont pour cela des agents de tous côtés; mais ils ont beau chercher, on ne leur dit que des choses qu'ils ne voudraient pas savoir. Dans le canton où je réside, on trouve un individu qui sonde l'opinion publique, en tenant à mon sujet les propos les plus calomniateurs. Il prétend avoir ouï dire que celui qui m'apportait cent francs pénétrait sous mon voile. Il ne l'avait pas entendu dire, mais il aurait voulu le faire dire. Et alors qu'est-ce qu'on lui répond? De deux choses l'une : ou vous êtes mal renseigné au sujet de cette personne, ou vous êtes payé pour dire des mensonges. On écrit à un homme dont on espère se servir pour me diffamer ; on lui demande ce que le public pense à mon sujet, on le prie de s'informer si on ne connaît pas des hommes qui aient eu accès auprès de moi. « On ne nous fera pas croire, ajoute-t-on, qu'elle ait gardé la continence pendant les cinq ans que le défunt a été malade. » Celui à qui l'on écrivait de la sorte se trouva passablement embarrassé. Il vit qu'il se compromettait s'il leur disait des mensonges, et il leur répondit, pour leur être agréable, sans qu'on puisse tirer conséquence de ses paroles, qu'on me croyait un peu folle ; mais je ferai voir à tous la fausseté de cette imputation. Je trouve, sur une place publique, un monsieur qui me salue et me dit : « J'ai, madame, du nouveau à vous apprendre. On fait à Agen une enquête sur votre compte. On m'a envoyé, déjà plusieurs fois, un sergent de ville et un huissier, qui voulaient me faire dire, malgré moi, que j'avais eu avec vous des relations intimes. » J'ai fini par leur dire : « On ferait bien mieux de lui payer ce qu'on lui doit plutôt que de chercher à accuser les autres du mal qu'on lui a fait. Ils prétendent encore que vous avez eu des rendez-vous chez deux dames avec d'autres que le défunt, et ils cherchent bien inutilement. » Outrée de colère en apprenant ces noires calomnies, j'écrivis ironiquement à celui qui commandait une pareille turpitude pour lui faire savoir que je n'ignorais pas leur méchante bassesse, et je le fis en ces termes :

« Avant de commencer votre enquête, vous avez dû vous adresser à saint Antoine de Padoue, qui fait trouver tout ; mais dans la crainte qu'il ne vous aidât point assez, je viens moi-même vous fournir les renseignements que vous cherchez.» Et je lui donnai tous mes antécédents, à partir de mon berceau ; je ne pouvais remonter plus haut.

S'ils attendaient de pouvoir donner de mauvaises notes pour me noircir devant mes juges naturels, ils pouvaient attendre longtemps. Ils auraient voulu pouvoir démontrer que j'avais été une femme mondaine, et que j'avais jeté ma robe au vent pour que chacun en ramassât un lambeau ; mais ils n'ont trouvé personne qui ait voulu se compromettre pour leur être agréable. Ils réclament la compétence du tribunal de Moissac, parce qu'ils ne voudraient pas que les Agenais connussent cette affaire ; mais moi, je fais opposition à cette réclamation.

Je leur reproche ladite enquête, et ils en conviennent, en gardant le silence quand on leur en parle. Je leur rappelle la visite mystérieuse, mais ils s'en défendent, en disant que celui qui vint me voir était un avocat du barreau d'Agen, qui était parti pour aller aux Antipodes. Je mets à jour la lettre du légataire universel ainsi que celle du commissionnaire et du gentilhomme ; je demande l'écrit qui a été lu chez le notaire, et l'on me répond qu'on le donnera devant le tribunal d'Agen quand le procès se plaidera à fond. Mes juges naturels se déclarent incompétents, et ils renvoient cause et parties devant ledit tribunal. Mes adversaires font appel de ce jugement à la cour de Toulouse, en disant que je l'ai obtenu par des machinations frauduleuses.

Cet appel me fait commettre une seconde faute que je regretterai bientôt. Je me demande quand est-ce que ce procès finira. Je ne peux publier ma première brochure qu'au bout de cette affaire interminable. Alors, dans l'espérance d'avoir un soutien, j'admets un commensal à ma table ; j'avoue que ma maison est un bien pauvre hôtel, mais la plus belle dame de Paris ne peut donner que ce qu'elle a. Je fais des frais pour héberger mon hôte : deux couverts et deux cuillers à café, voilà en quoi consiste toute mon argenterie. Je fais emplette de six couverts de ruolz ; je n'ai que six serviettes des plus ordinaires, j'en achète une douzaine des plus belles ; je me munis d'objets de cristal et de porcelaine ou des accessoires de la table, et je dépense pour cela une somme de cent écus. Les chaises de mon antichambre sont froides, parce qu'elles sont en fer, je les remplace par quatre chaises rembourées ; la table est petite, j'en mets une plus grande ; les tapis de ma chambre et de mon boudoir sont déchirés, je les renouvelle, et le chiffre de mes dépenses s'élève au-dessus de cinq cents francs. Je mande des ouvriers pour faire quelques réparations ; heureusement, ils se trouvent si occupés qu'ils ne peuvent me satisfaire, sans cela, j'aurais doublé mes frais.

J'ai à peine noué ces nouvelles relations que j'en suis peu charmée. La première fois que mon hôte s'approcha de moi, il ne se fit point la barbe ; ce peu de soin me déplut et je lui fis un reproche à ce sujet. Un jour, pendant que nous sommes dans l'antichambre, quelque assiette se casse dans la cuisine ; les portes se trouvent ouvertes et le bruit arrive jusqu'à nous. Alors, il interrompt la conversation pour se préoccuper de la casse des assiettes; cela m'offusque, car, alors même que toute la vaisselle se serait cassée, j'aurais souhaité qu'il n'y fît pas la moindre attention. Si je casse un verre, il me dit que je suis une maladroite, et ce peu de courtoisie achève de me désillusionner. Quand il m'écrit, il met le mot propriétaire sur les lettres qu'il m'adresse, comme si je possédais un fort vaste domaine! Plus une adresse est courte, plus elle est polie, et j'aurais désiré qu'il eût mis mon nom tout simplement, avec celui du canton où je réside. Il me fait une singulière confidence : il me dit qu'il a eu la visite d'une dame qui offrait des billets de loterie, et que cette personne l'avait prié d'aller voir sa fille. En voilà un heureux mortel, qui trouve une mère assez simple pour le prier d'aller voir sa fille! Je lui demande s'il ne serait pas allé d'autres fois chez cette personne. Il me répond qu'il ne la connaissait pas; mais, un moment après, il avoue qu'en la voyant chez lui, il se doutait de quoi il allait être question : donc il la connaissait? Il finit par me dire qu'elle lui avait demandé cinq cents francs ; et il a l'air de prendre cela pour une somme énorme. Il ajoute qu'elle était une maladroite parce que, lui demander de l'argent, n'était pas le moyen de l'attirer chez elle. Mon hôte est très-intéressé, me dis-je en moi-même ; il ne vient chez moi que parce qu'il ne lui en coûte rien. Cette amitié est trop mesquine pour Elisabeth, et elle ne fera pas long séjour au Colombier! Quand il vient, j'allume deux lampes pour dîner, et pour me payer de ma civilité, il va dire aux Agenais que je suis une dépensière. Je lui cite quelques passages de ma brochure : il écoute attentivement, mais il trouve que je ne suis pas engageante, et il me dit que je le fais trembler pour lui-même. On n'aurait à craindre les coups de griffe de personne si l'on avait la délicatesse de l'étudiant (agenais) qui avait passé, disait-on, plusieurs années dans la capitale, où il avait été d'une sagesse exemplaire. Je m'explique la conduite de ce jeune homme, vivant dans la grande ville de Paris, où il n'avait guère plus que l'argent qu'il lui fallait pour ses besoins personnels. Il ne pouvait donc suffire aux besoins d'une femme. Doué d'un trop bon naturel, il ne voulait point contracter des dettes dans la crainte de faire de la peine à ses parents ; et alors, il avait la délicatesse de n'aller déranger personne. Je suppose qu'il allait dans les maisons de prostitution quand il voulait assouvir ses passions, et si j'avais pu le suivre, je l'aurais vu se priver de bien des choses afin de pouvoir donner une pièce d'or à cette prostituée. En sortant de là, je ne l'aurais pas entendu dire à ses amis que cette femme était une dépensière ; mais si j'avais pu lire dans son cœur, j'aurais vu qu'il n'avait qu'un regret, qui était celui de n'avoir pu lui donner davantage. Dieu a béni ce jeune homme, car, en rentrant chez lui, il eut une clientèle digne d'être enviée de tous ses collègues. Alors, il fit ce que font la plupart des hommes, mais on ne peut lui reprocher ni lâcheté ni bassesse !

Quand je parle à mon hôte de mes chagrins passés, je remarque que cela ne lui fait aucune impression, ce qui me prouve qu'il est dépourvu de sensibilité. Je désire savoir l'âge de sa domestique : il me dit qu'elle a trente-cinq ans. Je le questionne pour savoir si elle est un cordon bleu, et il me répond qu'il en est très-satisfait. Je lui demande si elle n'a pas pris les rênes dans sa maison; il cherche à dissiper mes craintes en disant qu'il n'a jamais aimé à se familiariser avec les domestiques, parce que leurs habits ne sont pas propres, et qu'elles sentent l'ail et le persil. Moi qui, le matin, avais préparé un mets où il avait fallu de l'ail et du persil, je portai les mains au nez pour savoir si elles n'avaient pas l'odeur désagréable qui le répugnait. Il ajoute qu'il est dangereux d'avoir des relations avec ses domestiques, parce qu'elles se paient elles-mêmes, et qu'on ne sait pas ce que l'on donne. Le pauvre homme a toujours peur de trop donner, et il a bien raison, car pour sa capacité... il paie toujours de reste. Il est une chose fort curieuse que je ne dois point dire; mais comme un certain barbier, j'irai faire un trou dans la terre pour y déposer mon secret; j'espère que les roseaux pousseront en cet endroit et qu'ils murmureront, lorsque le vent les agitera : Midas, le roi Midas a des oreilles d'âne ! Je suis fixée sur sa moralité, car un certain journal, qui a paru dans Agen, m'a donné à ce sujet les notes les plus précises. Il eut la maladresse de me l'apporter pour me faire remarquer le passage de la chaste Suzanne. D'un autre côté, j'ai des renseignements particuliers qui suffiraient, seuls, pour lui valoir le congé. Une femme susceptible d'attachement ne tient point à rivaliser une personne inférieure, qu'elle aura supplantée sans le savoir. Lorsqu'elle se rend compte de ces choses-là, elle dit à un homme : Laissez le foin..... car il est trop bon pour vous, et allez manger la paille..... elle coûte moins, et c'est ce qu'il vous faut, car la monnaie est la seule divinité qui règne dans votre cœur ! Ne savez-vous pas qu'il faut de la jonchée sous les pas de Vénus, et que cette déesse altière exige qu'on le prodigue, ou qu'elle disgracie ceux qui refusent de lui rendre ce faible hommage ?

Mon hôte ne vient que très-rarement, mais je me garde bien de l'engager à venir plus souvent, car j'éprouve de la répugnance à le servir à table, où il manque de dextérité; en même temps, je me vois dans la nécessité de remplir un office dégoûtant..... et alors ses visites ne sont pour moi que des corvées.

Mes adversaires se désistent au moment de plaider le procès, qui m'a fait commettre la belle sottise dont je viens de parler. Je plaide à Agen, où je les ai actionnés depuis six mois. Je leur reproche de nouveau l'enquête diffamatoire qu'ils ont faite à mon sujet, et la visite qu'ils m'ont rendue du vivant de mon chevalier. Ils prétendent qu'un de leurs domestiques m'a suivie lorsque je sortais de chez eux, et qu'il m'a insultée; or cela n'est point. Mais que dois-je en conclure? C'est qu'ils ont dû payer un domestique pour me suivre et m'insulter; que cet homme, ayant plus d'esprit qu'eux, n'a pas voulu le faire et s'est contenté de leur dire qu'il l'avait fait. Si je n'ai pas à me plaindre de leurs domestiques, je ne peux en dire autant de leurs employés, qui se sont permis de parler de la manière la plus inconvenante, pour engager le public à me calomnier. A ceux-là n'ai-je pas le droit de leur dire: « Allez, adulateurs! allez jeter de l'encens à des personnes si peu équitables ; allez percevoir une pièce de monnaie, et oubliant vous-mêmes que vous êtes hommes, allez, en mercenaires, outrager la veuve et l'orphelin ! Mais sachez bien que cette femme, qui vous écrase de son mépris, porte en elle un cœur de mère, et que ce ne sera pas impunément que vous offenserez son fils pas plus qu'elle-même ! »

Je demande un interrogatoire sur faits et articles qui sont au nombre de dix : ces faits sont tous relatifs au contenu du pli qui a été décacheté à mon insu. Le tribunal de première instance ne veut pas ordonner cet interrogatoire, en disant que je suis de mauvaise foi; et ce qu'il y a de plus étrange, c'est que l'on ordonne qu'il en soit fait dépôt au greffe. J'admire la prévoyance de ces magistrats : ils ont pensé qu'on trouverait dans les faits en question des lumières plus que suffisantes si par cas elles étaient nécessaires en de graves circonstances. Pourquoi donc laisser entendre un blâme qui sent cette malveillance, dont la cause est un préjugé grossier qui ne se fait aucun scrupule d'insulter le pauvre en faveur d'un riche lorsque l'humanité et la morale condamnent ce dernier? On ajoute que c'est une manœuvre de ma part pour forcer mes adversaires à capituler. N'est-ce pas bien simple de vouloir se faire payer quand il nous est dû ? Le jugement est basé sur la première lettre que j'écrivis au légataire universel, dans laquelle je ne doutais des dispositions du défunt que parce que l'on m'en faisait douter en n'exécutant pas ses volontés. Et l'on tire de grandes conséquences de mes doutes pour me faire perdre mon procès : on constate l'existence de l'écrit mystérieux que mes adversaires ne veulent pas montrer, malgré la promesse qu'ils ont faite devant le tribunal de Moissac, et l'on me condamne à payer cinq francs de dommages-intérêts au fidéicommissaire, autant parce que je doute dudit écrit que pour les épithètes de félon que je mettais sur l'adresse des lettres que je lui écrivais. Comment les magistrats ont-ils pu juger de la véracité de ce titre puisqu'ils ne l'ont pas vu ? Je fais appel de ce jugement dans le but de faire ordonner que cet écrit soit déposé au greffe, parce qu'il m'est utile afin d'obtenir pour mon fils une pension alimentaire. Mais on rejette ma demande, en disant que le dépôt de cette lettre ne peut être ordonné parce qu'elle est essentiellement confidentielle. Je vais rapporter textuellement l'arrêt de la cour d'Agen, daté du 27 mars 1876 :

« Attendu que, Elisabeth Cassaigneau, de-
« mande aux héritiers de F. J. et à T. de M.
« la délivrance d'une somme de vingt mille
« francs renfermée en billets de banque dans
« un pli cacheté qui fut remis à T. de M. après
« le décès de F. J. ; que cette demande, qui
« ne repose ni sur le titre, ni même sur un

« commencement de preuve par écrit, est, en
« l'état, dénuée complétement de preuve;

« Attendu que, pour la justifier, la deman-
« deresse articule des faits qu'elle offre de
« prouver ; mais attendu, quant au premier
« fait, qu'il ne tend qu'à établir une filiation
« dont la recherche est interdite;

« Attendu, quant aux faits numéros 2, 3, 5,
« 6, 7, 8, 9, 10, que la demande suppose que
« la somme réclamée était renfermée dans un
« pli cacheté, et qu'aucun de ces faits n'éta-
« blirait qu'elle y fût contenue ;

« Attendu, il est vrai, qu'Elisabeth Cassai-
« gneau offre d'établir, par le fait numéro 4,
« que le pli cacheté contenait les vingt mille
« francs, et que ces vingt mille francs de-
« vaient lui être remis ; mais attendu, d'abord,
« qu'il est invraisemblable, comme l'ont dit
« les premiers juges, que F. J. eût longtemps
« avant sa mort, dont l'époque, incertaine pour
« lui, n'était pas encore prochaine, mis sous
« pli cacheté, sans nécessité, et même inuti-
« lement, une somme importante, qu'il aurait
« ainsi laissé improductive ; qu'en outre, le
« fait tel qu'il est libellé ne contient que l'affir-
« mation pure et simple de la demanderesse,

« sans indication des circonstances à l'aide
« desquelles il serait possible de supposer
« que cette affirmation, quelqu'invraissem-
« blable qu'elle soit, pourrait cependant être
« prouvée ;

« Attendu, d'ailleurs, que cette affirmation,
« fût-elle aussi précise et aussi vraisemblable
« qu'elle l'est peu, la preuve n'en pourrait être
« ordonnée que si le fait est pertinent ; que
« le fait ne peut l'être, s'il ne doit pas en ré-
« sulter pour Elisabeth Cassaigneau un droit
« personnel à ce qu'elle demande ; qu'en sup-
« posant que le fait qu'elle articule fût prouvé,
« le dépôt de la somme et le mandat même
« donné par F. J. à T. de M., en donnant à
« ce dernier le pouvoir de remettre, n'aurait
« pas donné à Elisabeth Cassaigneau le droit
« de réclamer une somme que F. J. ne lui
« aurait ni donnée, ni léguée ; que, faute de
« donation, une disposition testamentaire se-
« rait donc nécessaire ; que, par suite, Elisa-
« beth Cassaigneau devrait prouver que le
« pli cacheté contenait, non un simple man-
« dat, mais un écrit daté et signé de F. J.,
« ayant tous les caractères d'un véritable tes-
« tament ; que, loin d'en offrir cette preuve,

« elle n'a pas même allégué qu'un testament
« ait existé ; que son offre de preuve doit
« conséquemment être rejetée comme non
« pertinente.

« En ce qui touche le dépôt de la lettre de
« F. J. à T. de M. : attendu que cette lettre est
« éminemment confidentielle ; que le dépôt
« n'en peut être ordonné. En ce qui touche
« les dommages : adoptant les motifs des pre-
« miers juges, la Cour, sans s'arrêter ni à
« l'offre de preuve, ni à la demande tendant à
« faire ordonner le dépôt de la lettre de F. J.,
« lesquelles sont rejetées, confirme le juge-
« ment rendu par le tribunal civil d'Agen, le
« 18 décembre 1875. »

Que contenait donc le pli ? C'est un mystère ! ce qu'il y a de certain, c'est qu'il renfermait l'extrait de naissance de mon fils, selon le fait numéro 4. Mes adversaires en sont quittes pour une remontrance ou un blâme que leur adresse l'avocat-général. Le public ne leur donne pas ainsi l'absolution ; ils apprendront à leurs dépens que le mérite est une chose qui ne s'achète pas au poids de l'or, mais qu'on ne l'acquiert que par l'abnégation et le sacrifice. Comme l'a dit l'immortelle Mme de Sévi-

gné : « Le monde n'a pas de longues injustices.
« On n'a jamais pris longtemps l'ombre pour
« le corps. Il faut être si l'on veut paraître. »

On se demande pourquoi le défunt n'a pas mieux assuré nos intérêts, et pour quelle raison il les a mêlés à ceux de nos adversaires. A cela, je dois répondre que le vieillard est égoïste, parce qu'il sort de la vie. Il avait vu sa maîtresse, courtisée par un agent de change, vouloir lui échapper lorsque, pourtant, elle avait grand besoin de lui ; et il se disait que s'il la rendait indépendante, à coup sûr elle lui échapperait. Alors, il aurait perdu le fruit de sa conquête ; on n'aurait plus proclamé ses prouesses dans le monde des viveurs ; il n'aurait plus reçu de ces billets doux qui le rajeunissaient par leur douceur enchanteresse. Qui sait s'il n'avait pas l'espoir de la guérison et de pouvoir sacrifier encore sur l'autel de Vénus ? A part cela, il avait une raison bien plus impérieuse : c'est que sa position n'était brillante qu'en apparence. Il avait consacré un million en agréments pour se donner de beaux atours, qui lui valaient le crédit dont il avait grand besoin, afin de se maintenir dans la sphère où il s'était introduit ; mais le profit qu'il retirait de ce crédit suffisait à peine pour entretenir le luxe de son domaine. Il me reprochait que mes parents m'avaient trop bien fait élever pour la fortune qu'ils avaient à me donner. L'instruction et l'éducation ne sont jamais de trop ; cela sert toujours dans la vie, et la meilleure de toutes les preuves, c'est que mes facultés intellectuelles, qui se sont développées dans les écoles où j'ai grandi, sont aujourd'hui mon unique ressource. Si mes parents m'ont trop bien fait élever, lui n'a pas assez bien élevé les siens. S'il les avait mieux élevés, ils auraient respecté ses dernières volontés et sa mémoire, ce qu'ils n'ont pas fait ; s'il les avait mieux élevés, ils m'auraient donné, non-seulement ce qui me revenait, mais ils m'auraient payée pour que je garde le silence ; s'il les avait mieux élevés, ils auraient eu de l'amitié pour mon enfant, qui est leur frère, car les personnes bien nées respectent toujours leur propre sang ! Il croyait non-seulement que sa première famille se conformerait à ses dernières volontés, mais encore que, plus tard, elle tendrait la main à ce jeune frère. Pour voir les choses ainsi, il aurait fallu porter en soi la sève de l'une de ces vieilles souches que l'on reconnaît à leur fruit, tandis qu'il leur manque la base; ils sont semblables à ces arbrisseaux qui n'ont point de racine et que le vent brise lorsqu'il n'a aucune prise sur les arbres séculaires.

Allez, petites bourgeoises, qui vous croyez grandes dames parce que votre père s'est levé matin et vous a laissé une succession de quelques centaines de mille francs; allez, comme moi, faire un noviciat dans le cloître, où ces nobles vierges vous donneront l'exemple des vertus chrétiennes et vous apprendront que l'on n'inspire de respect qu'autant que l'on a de la dignité! Là, vous verrez, plus d'une fois, que la noble dame sert la roturière, et que les supérieures n'usent de leur autorité que dans l'intérêt et pour faire le bonheur de leurs subordonnées. A cette école, vous apprendriez que la véritable grandeur consiste dans la vertu; qu'elle seule est aimable et nous fait aimer! Ou bien, retournez dans votre pays, où nul ne savait si vous existiez, parce que vous n'aviez ni fortune, ni talent, ni vertu, ni mérite! Retournez à la foire de Beaucaire, pour savoir si l'on y vend de l'esprit, car vous avez oublié d'en faire provision avant de venir ici! Retournez dans votre pays, malséants que vous êtes ! et ne venez pas outrager et calomnier des personnes qui ne le méritent point !

Tant qu'on a eu besoin de nous, pour charmer une vie usée, nous avions des messages de tous côtés. Dans leur maison, tout le monde nous servait ; notre correspondance passait tour à tour entre les mains d'un secrétaire, d'un commissionnaire et d'un fidéicommissaire avant d'arriver au maître ; un gentilhomme ne dédaignait pas de se mêler à ces affaires, qui tourmentaient un nombre de personnes ; mais nul n'osait broncher, parce que tous dépendaient de celui qui avait tout gagné. Quand il a été mort, tout ce monde s'est révolté ; la rivale n'a eu qu'à se présenter pour faire prendre la fuite à la femme légitime. Pourquoi fuir, s'il vous plaît, en présence d'une personne inoffensive ? Quand on est mal intentionné, on craint toujours, avec raison, ceux que l'on veut duper. Cette rivale l'a d'ailleurs si bien coiffée que les cornes ont poussé.

En retour de mon amour, mon chevalier ne m'a laissé que des souvenirs amers, que j'éloigne de ma pensée parce qu'ils me fatiguent comme le ferait un fluide magnétique. Pour moi, il aurait dû mourir dix ans plus tôt, je ne l'aurais au moins pas connu !

Puisqu'on s'est joué de moi, je jouerai à mon tour avec les événements, en faisant résonner leur écho. Autant j'ai été généreuse dans mon amour, autant je serai implacable dans ma haine; ma plume infatigable griffonnera constamment les sarcasmes que lui dictera mon esprit satanique, dont je me servirai pour voguer sur la mer orageuse du monde comme le pilote se sert de la boussole. Remplir mes devoirs de mère et humilier mes ennemis, voilà quel sera mon rêve désormais; et ce rêve ne s'évanouira qu'avec moi, quoique j'espère encore qu'il me survivra dans la postérité. Je serai inexorable pour ceux qui m'ont outragée et calomniée, après m'avoir tant fait souffrir. Je ferai des efforts pour sortir du fond de l'abîme où m'a plongé mon inexpérience de jeune fille; je me cramponnerai aux aspérités du précipice pour me relever et paraître plus forte que jamais. En amazone, je poursuivrai ma route, souffletant les uns, humiliant les autres, dédaignant ceux-ci, ménageant ceux-là. Trop heureuse d'être libre dans la vie, sans dépendre de quelque mazette, je trouverai mon bonheur dans l'accomplissement de mes devoirs de mère. L'âme s'épure par les tribulations, elle se fortifie et se prépare à de plus grandes choses. La pauvreté m'a fait contracter l'habitude d'une vie de labeur, et aujourd'hui, je manie tour-à-tour, et sans répugnance, l'aiguille, la bêche et la plume. Par ce moyen, je remplirai une triple fonction, qui sera celle de père, de mère et de précepteur. Par cette dernière, je pratiquerai mon ancienne profession, qui était celle d'institutrice, car l'ordre où je pris le voile est enseignant, et pendant les deux ou trois ans qui précèdent les vœux, on fait entendre aux jeunes novices toute l'importance de leur vocation et on les y prépare par des études sérieuses. Si je n'ai point fait les vœux, j'ai pratiqué l'enseignement pendant trois ans dans des pensionnats séculiers.

J'ai éprouvé d'abord de cruels ennuis dans le fond de cette campagne; mais aujourd'hui, je la regretterais s'il fallait la quitter. Ne m'a-t-on pas dit : « Allez à Toulouse ou à Bordeaux, vous y ferez valoir vos talents ? » Je prendrai ce conseil à la lettre, et j'irai revoir ces charmantes villes où du temps jadis j'allais me divertir ; je ferai partout un tapage de démon, mais je reviendrai au Colombier pour m'y reposer à l'ombre de mes lauriers. Dieu n'abandonne jamais la veuve et l'orphelin ; il couronnera mes travaux de succès, j'en ai la conviction, et j'espère que mes campagnes seront heureuses. Comme l'a dit Voltaire :

> Le Dieu qui rend la force aux plus faibles courages
> Soutiendra ce roseau plié par les orages.

J'ai appris, dans mes malheurs, à jouir des moindres biens. N'avons-nous pas un asile pour nous abriter, une vaste dépendance avec laquelle j'améliorerai notre logement, une source d'eau pure pour étancher notre soif, une verte pelouse sur laquelle le petit Ernest se roule vingt fois par jour, quelques ares de terre afin de cultiver des fruits et des racines pour notre nourriture ? Avec cela, ma liberté et ma plume, ne puis-je pas faire du chemin et gagner davantage que je n'ai perdu dans mon procès ?

Eloignés de la vaine étiquette du monde, nous avons la plus grande liberté en notre demeure du Colombier, où les mœurs simples des personnes qui nous entourent n'offusquent point notre pauvreté. Je vous hais, monde pervers, parce que je vous connais tel que vous êtes. Je n'ambitionne point votre faux brillant, car je sais qu'il cache les plus grandes misères. Loin de regretter votre société, je me plais dans ma solitude, où j'étudie les moyens d'arriver à la sagesse. J'étais éloignée de vous, et néanmoins votre corruption est arrivée jusqu'à moi. A son contact, je me suis étiolée ; et, aujourd'hui, je ne suis qu'une fleur fanée, dédaignée de tous, même de ceux qui ont joui des charmes de mon passé !

Mon âme, brisée par la douleur, s'épanchera dans l'opinion publique, qui sera mon intime confidente ; cet épanchement soulagera mon pauvre cœur qui a besoin de consolation, parce qu'il est énervé par une de ces crises qui conduisent à la veille du désespoir ! Oui, j'ai été à la veille du désespoir ! Je cachais mes larmes ; je dévorais mes chagrins en silence, parce que je craignais les sarcasmes de ceux qui m'ont vue fière et dédaigneuse. J'aurais cherché dans le suicide la fin de mes tourments, mais il fallait commettre un infanticide, et je n'en ai pas eu le courage, pas plus que celui de laisser cet enfant à la merci du sort !

Je voudrais pouvoir laisser à tous un souvenir profond dont le résultat serait de rendre l'homme meilleur en lui faisant comprendre, par un exemple frappant, toutes les misères que cause le libertinage. Quand on aura lu l'histoire de cette femme au visage pâle, chacun fera un retour sur lui-même. Celui qui aura manqué à son devoir réparera ses torts, il essuiera les larmes de sa compagne et se gardera bien de lui causer de nouveaux chagrins; pénétré de sa dignité masculine, il s'efforcera d'être à la hauteur de sa tâche, et, en retour de son dévouement, il aura cette amitié douce et pure qui est le charme de la vie.

Riez, libertins! riez, je vous le permets, car vos rires me sont utiles; mais prenez bien garde de ne pas rencontrer une seconde Elisabeth, pareille à celle qui a un enfant. Et chose étrange! elle n'en connaît point le père! Quand cet enfant lui demande comment il s'appelle : « Je l'ignore, » dit-elle; et portant la main sur son front, comme pour dissiper le nuage épais qui voile son passé, elle cherche à se rappeler; mais il y a tant de confusion dans ce passé qu'elle ne peut rien y débrouiller! Elle a rêvé un homme parfait qui, semblable à un fantôme, lui échappait à mesure qu'elle le poursuivait : « Où allez-vous chercher votre fiancée ? » lui disait-elle. — Dans le pays de la beauté, lui répondait le cavalier ; et, pendant que la naïve jeune fille cherchait l'adresse de ce pays, le jeune homme disparaissait pour faire place à un roturier qui sera neutre dans son rôle !

Pendant longtemps je me suis enveloppée d'un long voile pour cacher ma laideur ! mais depuis que des circonstances malheureuses ont déchiré ce voile, je fais horreur !!! Je trouve tous les hommes laids par cela seul qu'ils me trouvent laide ; car, si je pénétrais dans leur intérieur, que de misères j'y verrais ! Le fard et la poudre, ou l'hypocrisie, est le moyen avec lequel ils dissimulent ce qu'ils sont, pour paraître ce qu'ils ne sont pas. Mais la perspicacité m'ayant fait voir sous leur masque, j'ai dit, après les avoir regardés : « J'en ai assez, car ils sont aussi laids que moi ! »

Bavarde comme une pie, vous dont j'attaque les vices, vous avez beau me montrer les canons de vos armes, vous ne me ferez point peur, mes beaux censeurs !

J'ai perdu mon procès, et mon hôte ne vient

pas me demander si j'ai besoin de lui. C'est pourtant dans l'infortune qu'on reconnaît l'ami véritable : alors, il redouble de soins au lieu de s'éloigner. L'amitié est délicate, elle prévient les besoins, elle épargne la peine de demander.

J'aurais des réparations à faire, mais je suis forcée de les ajourner ; cependant, il faut recevoir convenablement ou fermer sa porte, car celui qui traite mal ses amis ne mérite pas d'en avoir. Alors, je reconnais que je me suis donné un embarras et non un soutien. Pendant que je fais à ce sujet de sérieuses réflexions, je reçois une lettre dans laquelle mon hôte m'annonce sa visite pour le lendemain. Je lui réponds immédiatement : « Je suis indisposée. Impossible de vous recevoir. »

J'aurais besoin de quelque argent pour mes travaux, mais je m'attends à un refus si j'en fais la demande, car, d'après ce que j'ai compris, il ne va chez qui que ce soit qu'autant qu'il ne lui en coûte rien. Il faut cependant le mettre à l'épreuve, ne fût-ce que pour avoir une bonne raison afin de le congédier. Aussi, je lui écris de nouveau pour lui demander quelques milliers de francs. Huit jours se passent sans avoir de réponse, ce qui vaut le refus auquel je m'attendais. Alors, je réclame les frais qu'il ne m'a pas remboursés, et je lui fais entendre que je ne le recevrai plus. Il me répond qu'il ne peut me satisfaire, parce qu'il n'est ni capitaliste ni banquier, et qu'il ne peut trouver sur son revenu la somme que je demande. Il ajoute qu'après le ton sec de la lettre précédente, cette demande l'a blessé, et qu'il l'a prise pour un congé. Il me dit qu'il est complétement inutile que je fasse imprimer ma brochure parce que je ne vendrai pas les exemplaires, et que les frais que je ferai pour cela seront une nouvelle perte. Il me fait encore entrevoir que mes ennemis me chercheront querelle si j'exécute ce projet. Mais tout cela n'est que des raisons pour ne pas donner la chose demandée. Tout se vend, jusqu'à des chiffons puants; pourquoi ne vendrais-je pas mes écrits ? Je suis presque certaine que dans le Lot-et-Garonne et le Tarn-et-Garonne les moindres ouvriers sacrifieront une journée pour lire l'histoire d'Elisabeth. Cette histoire n'est-elle pas assez originale pour valoir la peine d'un aussi léger sacrifice? Mes ennemis ne pourront m'empêcher de conter mes infortunes. Elles sont ma propriété, par conséquent je suis maîtresse de les écrire et de les vendre. Si elles ne font pas honneur à plusieurs, je ne dois pas entrer dans ces détails, et j'userai de mon droit comme ils ont usé des leurs. D'un autre côté, je ne les connais pas davantage qu'ils n'ont connu mon fils, et je ne vois pas à quel titre ils mettraient le nez dans mon histoire. Ne puis-je pas leur dire : « Je ne vous connais absolument pas ! »

Les ruses de mon hôte sont cousues de fil blanc, et il ne faut pas être bien rusée pour deviner le motif qui les a dictées. Quant aux frais que je réclame, il me dit qu'on peut obtenir quelque chose par la bonté et la douceur, mais rien par la raideur. Je suis assez fixée sur sa générosité pour ne vouloir rien obtenir ; je réclame seulement l'argent qu'il m'a fait dépenser, et la bonté et la douceur seraient d'autant plus déplacées que cela n'aurait pas dû se faire demander. Il sait, dit-il, que je suis malheureuse, il le regrette bien, et il voudrait pouvoir faire quelque chose pour moi. Cette pitié me blesse, car aujourd'hui je ne serais malheureuse qu'autant que je le souffrirais !

Je suffirai par mon travail à mon fils bienaimé et à moi-même, tandis que, dans son intérêt, il me détournerait de ce travail si j'étais assez simple pour faire cas de ses conseils.

Les liens des cœurs ne sont donc que mensonges ? Où sont-ils ces couples charmants qui ne connaissent d'autre intérêt que les douceurs de l'amitié ? Il y en a, je le crois, mais ils sont bien rares ! O vous qui êtes dans ces conditions, cachez votre bonheur à tous, car il est digne d'envie ! moi, la première, je vous le disputerais, et ma plume indiscrète irait vous ennuyer !

Puisque vous n'êtes propre à rien, retirez-vous, homme démodé ; battez en retraite, car l'heure a sonné pour vous ! Vous ne songiez donc pas qu'Elisabeth vous punirait d'avoir osé lui exprimer de la pitié ? Comment n'avez-vous pas prévu que si vous n'alliez chez elle que pour la mécontenter vous ne vous frotteriez à sa robe que pour être piqué ! Vous n'avez soulevé son voile que parce que vous l'avez rencontrée dans le noir dédale où ses ennemis l'avaient enfermée. Au lieu de soutenir ses pas chancelants, vous l'égareriez de façon à ce qu'elle ne pourrait trouver l'issue de ce labyrinthe! Puisqu'il en est ainsi, retirez-vous donc, et ne venez pas la faire pâlir davantage par les glas de votre hiver! On vous cède ce révérend, charmantes Agenaises; vous pouvez vous divertir à votre aise, sans craindre que la sauvage campagnarde aille troubler vos amourettes. Si vous la rencontrez dans vos sorties nocturnes, ne croyez pas que son œil observateur épie vos démarches. Elle a des ennemis, vous le savez, et ce sont eux qui seront l'objet de ses observations. Que ceux-là prennent garde, car la dame noire les regarde! qu'ils prennent garde, car elle est sur leurs pas!

Si, après de pareilles expériences, je trouvais quelque impudent qui oserait venir me parler d'amourettes, il serait pour moi un véritable monstre, auquel je trouverais des cornes. Je ferais comme saint François de Sales à une femme mondaine : je prendrais un tison ardent pour le jeter au visage du tentateur! Des voluptés du Seigneur je veux goûter la douceur, et, pour cela, je dois secouer ma robe afin de faire tomber la poussière dont elle a été souillée par le souffle impur des passions!

Je harcèle mon hôte pour lui faire payer les frais qu'il a occasionnés. Alors, un beau matin, il m'envoie une lettre chargée contenant, en gros et en détail, deux cent cinquante francs, lorsque je réclame cinq cents francs. Je lui écris pour lui dire que j'ai reçu la lettre chargée, mais qu'en notre France civilisée la dame ne fait point les frais, et que je n'entends pas en payer la moitié. A cela, il répond que si, aux deux cent cinquante francs j'ajoute l'argent qu'il laissait sur la table quand il dînait chez moi, je trouverais avoir reçu plus de cinq cents francs. Il laissait, il est vrai, tantôt trente, tantôt quarante francs, mais cet argent se dépensait en frais de comestibles. Si j'avais bien compté, j'aurais trouvé que j'avais dépensé davantage, car, bien souvent, je faisais des préparatifs inutilement pour ne pas être surprise dans le cas où il viendrait. Si j'étais riche, je ne m'amuserais point à lui faire payer les frais, d'autant mieux que les meubles que j'ai achetés me restent et que je ne les ai pas achetés sans besoin ; mais je veux le punir d'avoir osé venir chez moi pour des motifs que l'on n'aurait compris qu'autant que je lui aurais inspiré de l'amitié. Ne m'a-t-il pas d'ailleurs fait dépenser une somme qui aujourd'hui me serait utile dans mes travaux ? J'admets que s'il était allé dans un bon hôtel, on l'aurait peut-être mieux restauré, car c'était moi qui préparais le dîner, et comme je ne suis pas un cordon bleu, je ne l'ai peut-être pas bien régalé. Je dois dire cependant qu'il m'a paru fort sobre et peu exigeant; s'il n'a été rassasié de l'odeur de ma cuisine, je crois que le ton de mon style l'a un peu étourdi, et qu'il a cru prudent, dans l'intérêt de ses capitaux, de ne pas aller dîner trop loin quand on peut dîner près. De mon côté, dans l'intérêt de ma sécurité, j'ai cru que le parti le plus sage était de le congédier ; et nous avons été heureux l'un et l'autre de rompre des relations qui n'étaient point louables.

L'amour n'est que de la brutalité, s'il n'est basé sur une amitié réciproque. Les plaisirs que l'on y cherche ne sont que des jouissances mensongères qui troublent notre sécurité, agitent notre âme, et nous laissent les regrets les plus amers, en nous conduisant dans une voie pleine d'horreur et de confusion !

Dame ! l'amitié est une belle bien précieuse,

et elle se fait rechercher en raison de son excellence. La trouve-t-on dans le mariage? Non, car l'on ne se marie que pour la forme; mais les trois quarts des hommes imitent le duc de Richelieu, et ils sont les maris de toutes les femmes, excepté des leurs. On voit les plus grands désordres dans la société parce que les femmes sont frivoles et que les hommes sont pervers. La plupart des femmes riches ne s'occupent que de futilités ou de parures; les ouvrières s'en occupent également parce que les frivolités sont les attributions de leur profession, de sorte que les trois quarts des femmes ont tout leur esprit dans les chiffons. Elles ont cependant une grande mission dans la tutelle de leur progéniture; mais elles ne s'en acquittent qu'à demi, car si elles soignent bien leurs enfants, matériellement parlant, elles ne s'occupent pas assez de donner de l'extension à leurs facultés intellectuelles.

Voilà un homme qui serait l'ami du foyer domestique; il aimerait sa famille, si une Lucrèce lui rendait agréable le séjour de son intérieur, tandis qu'il a épousé une jeune coquette, qui lui casse la tête en ne lui parlant que de niaiseries, et qui le ruine par ses exigences : alors, voilà la guerre dans le ménage, allumée par dame frivolité.

D'un autre côté, parce que les jeunes gens ne courent pas les mêmes dangers que les jeunes filles, on ne prend point garde à leur moralité. Quand ils ont atteint l'adolescence, on les envoie soit à Toulouse, soit dans la capitale, où ils n'ont d'autre guide que leurs passions naissantes ; là, ils se vautrent dans la fange, et ils deviennent méchants au contact de la perversité !

Quand, plus tard, ils veulent se marier, la plupart apportent à leur fiancée un échantillon de tous les vices, de sorte que ces pauvres demoiselles, qui sortent du fond d'un cloître, où elles ne laissaient leurs livres classiques que pour lire la vie des saints, et où leurs pieuses maîtresses ne leur donnaient que des exemples de vertu, ces pauvres demoiselles sont désenchantées en présence de leurs maris qui, par leur peu de dignité, perdent l'estime de leurs compagnes.

Je laisse le monde avec tous ses travers pour m'occuper de mes finances. Il me reste peu d'argent, et ce peu, je dois le ménager, car je le destine à mes frais de voyage, afin de réaliser mes travaux. Pour payer mon imprimeur, je vais faire loter les bijoux que m'a donnés mon chevalier, avec quelques objets de fantaisie ; je ne garderai que ma montre parce qu'elle m'est utile.

J'organise ma loterie, qui se compose de douze lots : le premier est une parure ayant des améthystes orientales montées en griffe ; le second est un collier entouré de perles, auquel est suspendue une croix, le tout en or ; le troisième est un paroissien dont le couvert est en écaille, sur lequel est une plaque d'or portant mes deux initiales ; le quatrième est une bague d'or ayant un cachet noir, sur lequel est écrit le mot : *Souvenir;* le cinquième est mon anneau ; le sixième est une paire de boucles d'oreilles en or ; le septième est un dé en argent ; le huitième est un mouchoir de fantaisie pour soirée ; le neuvième est un colifichet ; le dixième est une jupe de dentelle que j'ai confectionnée au crochet ; le onzième est un corset que j'ai depuis longtemps, mais que je n'ai jamais porté ; le douzième, enfin, est ma méthode anglaise, composée de la grammaire démonstrative de cette langue, du cours de thèmes, et de l'instructeur théorique et pratique de la prononciation; j'y joins le dictionnaire anglais-français et français-anglais, par M. Spiers.

J'ai à peine annoncé ma loterie que l'on dit dans le canton : « La turbulente Elisabeth doit être sans le sou, car elle va faire loter ses bijoux. » Alors, qu'arrive-t-il? C'est que des entremetteurs, pressés par de jeunes lionceaux, viennent m'offrir des parties nocturnes ; et ces jeunes gens, ou plutôt ces enfants, pour pénétrer dans le boudoir de la sauvage campagnarde, iraient emprunter des sommes qu'ils n'ont pas à leur disposition. Loin d'imiter ces révérends sexagénaires qui n'ont à faire qu'à des enfants pour en abuser, aujourd'hui, avec mon expérience, je me garderai bien de m'emparer d'une âme juvénile sur laquelle je pourrais avoir assez d'empire pour lui nuire, en compromettant ou son avenir ou sa fortune. J'épargnerai des regrets à ce jeune étourdi et des chagrins à ses parents. Ne m'en veuillez donc pas, jeune homme ; si je vous ai refusé l'entrée de ma porte c'est par délicatesse et non par dédain. Si vous tenez à me plaire, ouvrez ma brochure, ainsi que toutes celles que j'écrirai dans la suite ; instruisez-vous des misères de la vie, et promettez-vous bien de ne jamais causer à personne des maux pareils à ceux que l'on m'a fait souffrir.

Quant à vous, jeunes filles qui lisez mon histoire, vous feriez tout aussi bien de ne point la lire, parce qu'étant sans expérience, vous êtes incapables de juger sainement ma conduite, et alors mon ouvrage pourrait vous scandaliser plutôt que vous instruire; mais si vous la lisez, je souhaite d'abord que Dieu vous préserve d'une destinée pareille à la mienne, et si vous ne pouvez être accompagnées partout où vous irez, sachez bien que la loi ne vous protége pas contre les piéges du séducteur !

L'homme ne joue de la vertu de la femme que parce que le code ne punit point ce crime, qui est cependant le plus grand de tous, car il infecte l'humanité en faisant les plus grands ravages ! Le libertin devient audacieux par l'impunité, et il outrage la vertu quand une fois il l'a souillée ! La loi s'occupe de tout, excepté de préserver la vertu. Si elle ne protége pas le libertinage elle semble tolérer la séduction ; elle déshérite l'enfant qui est innocent, et elle fait subir à la mère toutes les conséquences du crime : ces deux créatures ne sont cependant que des êtres passifs ! et la loi paraît favoriser le vice en ne les protégeant pas ! Il résulte de cela que l'immoralité fait les plus grands progrès : l'homicide, le suicide, l'infanticide et l'empoisonnement sont presque toujours les effets des mœurs crapuleuses, et afin de guérir une plaie aussi affligeante pour l'humanité entière, il serait à désirer de voir surgir quelque sage législateur, imbu d'une équité pareille à celle dont Salomon fit preuve dans le jugement qu'il rendit pour les deux femmes qui se disputaient le même enfant.

La pureté de votre cœur, qui rejaillit sur votre front, est votre plus bel ornement, jeunes filles ! rien ne la vaut, rien ne la compense, et si vous voulez être heureuses, gardez ce cœur, gardez-le bien pur pour un homme vertueux ! Mais dans votre inexpérience comment reconnaîtrez-vous cet homme ? car le vice se cache souvent sous les apparences de la vertu ! Un homme n'est vertueux qu'autant qu'il cherche à se connaître, qu'il convient de ses torts, qu'il est indulgent pour les autres et sévère envers lui-même ; qu'autant qu'il n'a qu'une seule prétention, qui est celle d'être le dernier de tous. L'homme est un composé de misères, toutes plus humiliantes les unes que les autres ; il n'a qu'une seule chose qui l'ennoblit, et cette chose est son intelligence. Or, cette intelligence lui apprend à connaître et son néant et sa bassesse, pour le préserver de la sotte vanité qui caractérise les insensés !

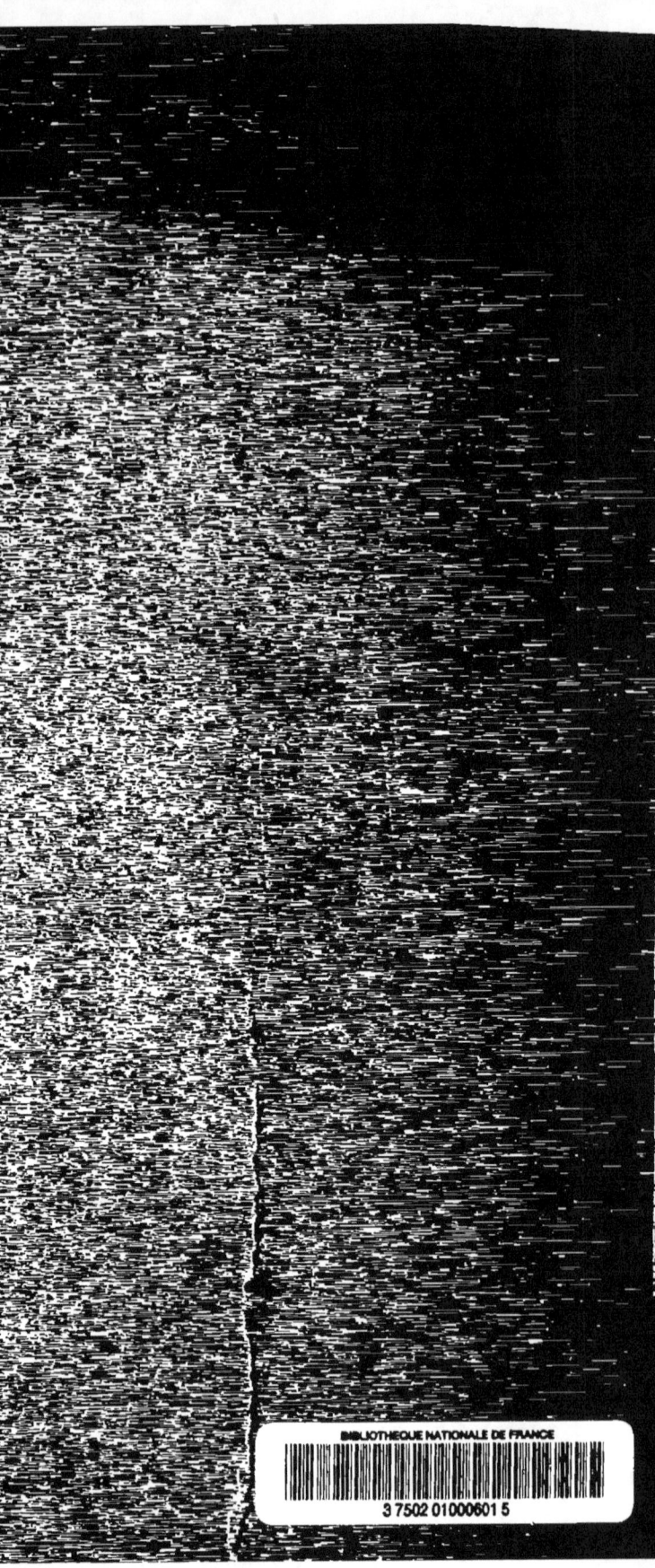

www.ingramcontent.com/pod-product-compliance
Lightning Source LLC
Chambersburg PA
CBHW060154100426
42744CB00007B/1030